M 成果指向 F マネジメント R

Managing For Results

行政経営改革マニュアル

——米国マリコパ・カウンティの実践——

三和書籍

監訳者まえがき

地方分権の推進、財源の逼迫、そして少子高齢化によって一層加速される多様な行政サービスニーズの高まり。これらすべてが現在、わが国の地方自治体の行政経営、行財政改革に対して与えられている過酷なプレッシャーである。財政の硬直化をいかに回避し、柔軟な財政運営を可能にするか。財政の健全化を図り、その上で納税者、住民が求めるサービスを限られた資源でいかに提供するか。それを実現するために、地方自治体は何を、どのように、どのような手順で改革を進めていくべきなのか。夕張破綻を受け、財政健全化法など政府主導で示された一定の改革の道筋はあるものの、それぞれの自治体が抱えるさまざまな環境の中で、この困難な課題に対する有効な処方箋はいまだ存在しているとはいえない。それどころか、処方箋を見出す方策すら多くの自治体には見えていないのがわが国の厳しい現実である。

この困難の渦中にあるわが国の行政経営改革に光を与え、導いてくれるのが、本書『MFR〔成果指向マネジメント〕行政経営改革マニュアル―米国マリコパ・カウンティの実践―』（原題 Maricopa County, *Managing for Results Resource Guide 2006*）である。

なぜマリコパ・カウンティなのか。マリコパ・カウンティが位置するまさにその中心には、「優れた行政経営」の手本として全米を先導している州都フェニックス市が存在しているにもかかわらず、なぜマリコパなのか。その理由は次の驚異的ともいえるマリコパ・カウンティの偉大な業績にある。すなわち、急速に人口が増加する中、悪い行政経営であるというまさに悪評を得たマリコパ・カウンティが、わずか6年ほどの間に全米規模で「優れた行政経営」の名声を得ることができたことである。

１９９０年代半ばに、全米地方政府の行政担当者を対象に８万５０００部を発行する月刊誌『ガバニング』は、マリコパ・カウンティを「悪い行政経営」の象徴として「最悪の地方政府にどんどん接近している」と評した。しかし、マリコパ・カウンティは、そのわずか6年後の２００２年に、シラキュース大学マックウェル大学院と『ガバニング』とのパートナーシップによって実施された全米規模の政府業績プロジェクト(Government Performance Project: ＧＰＰ)、政府パフォーマンスのランキングにおいて、きわめて高い評価を得、そしてそれが現在も持続しているという驚異的な事実が存在するのである。そのことは、全米で４番目に人口の多いカウンティ（約３５０万人）であるマリコパが、近年ではほぼ毎年10万人の人口増加を数える超優良行政サービスカウンティとなっていることにも示されている。

最悪の行政経営とは何か。アリゾナ州都フェニックスの「優れた行政経営」の影響を受け、人口の急速な増加の中にあったマリコパ・カウンティは、フェニックスとは対照的に「悪い行政経営」の象徴であった。すなわち、政府機能はばらばら、議員の利害は対立し、政治的には緊迫し、円滑な行政経営が阻害されていた。発行する債券の格付けは落ちる一方であるのみならず、カウンティ政府の大きな役割である保健衛生分野のサービスはきわめて脆弱、情報システムは惨憺たるもので、全ての行政システムが齟齬を起こしている状態だったのである。

そのマリコパ・カウンティがわずか6年のうちに、驚異的な改革を成し遂げた。ＧＰＰによれば、財務管理A-、資本マネジメントB+、結果指向のマネジメントA-、情報技術A、全体評価A-であり、全米のカウンティの上位筆頭の位置を占めている。この偉大な成果を生み出したトリガーは、敏腕のカウンティ・マネジャー、デイビッド・スミス氏の牽引、すなわち議員により構成される監理委員会のリーダーシップを巻き込んだ組織全体のチーム・ビルディングであり、成果指向の行政経営、支出を抑制するインセンティブ、ディスインセンティブシステムに焦点を当てた改革であった。そして、その偉大な果実を生むための、組織構成員のナレッジ共有のマニュアルこそが本書なのである。

本書のタイトルを冠している成果指向の行政経営（ＭＦＲ）は、全米規模で１９７０年代からウェーブのように沸き起こり、現在も連邦政府、地方政府で実施されているまさに公共経営改革のアジェンダであり、業績を改善することを目的として、公共部門を変革する有力な改革理念である。マリコパ・カウンティにおけるＭＦＲを構成するＰＤＣＡサイクルは、次の６つのフェイズから構成されている。すなわち、成果指向の計画設定、成果測定、成果指向の予算編成、成果の実現、報告結果の分析、成果の評価及び改善、である。マリコパ・カウンティにおいては活動基準原価計算に基づく活動基準予算が実施され、予算編成、業績評価の効果的なマネジメントサイクルを実現している。さらに第5フェイズの報告結果の分析においては、業績データの収集・分析が行われ、カウンティの意思決定者に各部局がいかにサービスを効果的に提供し、その目的を達成したかに関する情報を提供すると同時に、すべてのレベルのマネジャーとスタッフが現行プログラムの問題点を識別し、問題の根本原因を明確化して修正行動をとるために活用される。ここで内部監査局が部局の業績情報が完全、正確、妥当かつ一貫したものであるかを確認する手続きを行い、報告データが意思決定の基礎となりうることを保証する。カウンティは、カウンティが達成したこと、達成しなかったことを伝達することによって住民にアカウンタビリティを果たす。業績成果を公共に報告することにより、市民は納税した財源が成果を実現するためにどのように用いられたかを理解することができるのである。

　マリコパ・カウンティのこの優れた行政経営を調査するため、アリゾナ・フェニックス空港に降り立ち、マリコパ・カウンティ行政管理予算局を訪れたのが２００６年８月。ＧＰＰで高い評価を獲得した行政経営の核心にあるのは何か、それを明らかにすることが調査の目的であった。カウンティ・マネジャーのデイビッド・スミス氏は、サマーバケーション中であるにもかかわらず、Maricopa County Managing for Results Resource Guideを手に、われわれパブリックサービス研究所の調査団を温かく迎えてくれた。そして、マリコパ・カウンティの成果を指向する行政改革努力とその達成について、われわれの質問票に沿って詳細にまとめられた資料に基づく2時間あまりのプリゼンテーションと1時間あまりの質疑に時間を割いてくださったのを昨日のことのように思い出す。スミス氏は、活動基準予算を実施するため3カ月あまりにわたって、カウンティ・マネジャー自らタイムレコードを行ったことをも微笑をもって語ってくれた。そして、この優れたマネジャーが米国行政学会（ＡＳＰＡ）の２００８

年全米パブリックサービス賞の栄誉を獲得したことも特筆される。

今、わが国の地方自治体に必要とされるのは、これまでの行政経営のストラクチャーと方法を抜本的に見直し、インプット管理からアウトカムへ視点を移し、成果指向のマネジメント、ＰＤＣＡサイクルを機能させることである。本書はまさに自治体が、その経営思考の転換を図り、効果的な行政経営を実践する羅針盤、ガイドとして最適なマニュアルである。本書には、組織を目的に方向付ける基本的なマネジメント・コンセプトとツールがふんだんに盛り込まれている。まさに地方自治体のマネジャー全てが共通に理解し、目的達成に向かうことのできるナレッジ共有のマニュアルである。さまざまな困難に直面する地方自治体にとって、本書が導きの星となることを確信している。

本書刊行に当たっては、パブリックサービス研究所客員研究員が分担して翻訳したものを木全大二（早稲田大学大学院公共経営研究科専門職修士課程修了）がチェックし、公共経営研究科博士課程在籍の島岡未来子、専門職修士課程修了の清水貴之（両方とも客員研究員である）が中心となり校正を行った。さらに公共経営研究科教授塚本壽雄先生に校正を頂き、監訳の責務を小林麻理が担った。本書出版に向けて貴重なエネルギーを提供してくれたすべての客員研究員、塚本壽雄先生に深く感謝する。

また、出版事情の厳しい折、行政経営改革に取り組む自治体にとって本書がもつ意義に共感いただき、出版に向けて多大な力を注いでいただいた三和書籍代表取締役高橋考様、編集長の下村幸一様のご尽力とご賢察に敬意を表し、心から感謝申し上げる。

早稲田の杜にて

小林麻理

はじめに

本リソースガイドについて

このリソースガイドは、マリコパ・カウンティにおいて成果指向のマネジメント（Managing for Results：ＭＦＲ）を実施するに当たって、それに関する情報とその実施のためのツールを提供することを目的として作成されました。本ガイドは、マリコパ・カウンティの市民に提供するあらゆるサービスを継続的に改善し、最大限の便益を達成するために、戦略目的の焦点を成果にいかに合わせるか、プログラムとアクティビティの領域をいかに決定するか、意思決定に有用な情報を提供する尺度をいかに策定するか、すべてのマネジメントプロセスにＭＦＲをいかに統合するか、について指針を与えることを意図しています。

ガイドの構成

本ガイドはＭＦＲの主要な側面を網羅した７章に分かれています。各章は、本ガイドの利用者が知りたいサブトピックにすぐ行けるよう特定の詳細項目にさらに分かれています。

第１章（SECTION　1～3）　成果指向のマネジメント（ＭＦＲ）の紹介

ここでは、ＭＦＲとは何かについて紹介しています。これにはＭＦＲの概観、カウンティの定める計画の説明、ＭＦＲチームとは何かに加え、読者が知る必要がある用語集が内容とされています。

第2章（SECTION　4〜7）成果指向の計画策定

ここでは、戦略要素（ミッション、ビジョン、目的）、戦略計画の構成要素（プログラム、アクティビティ及びサービス）とともに、環境評価をどのように実施するか、イシュー・ステートメントをどのように作成するか、職員の業績計画をどのように策定するかを扱います。

第3章（SECTION　8〜9）成果の測定

ここでは、業績尺度の識別、データ収集戦略の策定、ベンチマークの確定、目標値の設定、一般に認められた基準に適合したデータ収集方法を確実に行うためのガイドラインを扱います。

第4章（SECTION　10）成果指向の予算編成

ここでは、カウンティ全体の予算編成プロセス及びタイムライン、成果指向の予算編成のための重要な要素に関する情報を扱います。

第5章（SECTION　11〜12）成果の創出

ここでは行動計画（アクションプラン）の実施、プログラム及び予算の監視、データの収集を扱います。

第6章（SECTION　13～15）成果の分析と報告

ここでは、成果の効果的な分析、計画、尺度ならびに成果をスタッフと外部のステークホルダーに効果的に伝達する方法を扱います。

第7章（SECTION　16～19）成果の評価と改善

ここでは、プロセスと成果を改善するために業績情報を評価し利用することを扱います。

別表には各種様式、チェックリスト、ワークシートなど、ＭＦＲを実施するに当たって役立つものを載せています。本リソースガイドのすべての文書は、自由にコピーまたは複製して広く用いることが可能です。

本ガイドで使われている慣例

本ガイドにおいて、「部門」という用語は任命によりまたは選挙で選ばれる職、行政機関もしくは部門（司法部門を含む）または特別区として指定された政府主体を指しており、「市民」という用語は、マリコパ・カウンティの住民を指しています。

本ガイドの利用方法

このリソースガイドはガイドブックでもあり事典でもあります。もし読者がＭＦＲになじみがないのであれば、ＭＦＲがマリコパ・カウンティでどのように実施されているのか理解するために初めから終わりまで読むことも出来ますし、特定の作業や事項について知りたい情報がある場合には、直接その情報を読むことも出来ます。もっと詳細な情報はＥＢＣウェブページで利用できますので、直近の情報を得たい場合にはＭＦＲのサイト、http://ebc.maricopa.gov/mfr　にアクセス下さい。

目次

監訳者まえがき …… i

はじめに …… vii

第1章　成果指向のマネジメント（ＭＦＲ）の紹介

SECTION 1　ＭＦＲの概要 …… 2

●マリコパ・カウンティにおける成果指向のマネジメント　●実施の背景
●成果指向のマネジメント（ＭＦＲ）　●成果指向の計画策定
●成果指向の測定　●成果指向の予算編成　●成果の創出
●成果の分析と報告　●成果の評価と改善　●カウンティの戦略計画
●カウンティ戦略計画の更新プロセス
●２００５―２０１０年の戦略計画　●成果指向のマネジメント方針

SECTION 2　ＭＦＲチーム …… 18

●はじめに　●ＭＦＲチーム（ＯＭＢ）　●ＭＦＲ実施支援連絡部門

SECTION 3 重要な用語と定義 …… 21

第2章 成果指向の計画策定

SECTION 4 成果指向の計画策定の概要 …… 34
●戦略的要素の概要

SECTION 5 計画の戦略的要素 …… 37
●ミッション・ステートメントの作成 ●ミッション・ステートメントの策定
●ミッション・ステートメントの書式
●良いミッション・ステートメントの例 ●悪いミッション・ステートメントの例
●ビジョン・ステートメントの作成 ●部門別ビジョン・ステートメントの策定
●マリコパ・カウンティ部門の良いビジョン・ステートメントの例
●バリュー・ステートメントの作成
●部門の価値観を明確に表現しているバリュー・ステートメントの例

●環境評価の実施　●環境評価の実施方法
●イシュー・ステートメントの作成　●イシュー・ステートメントの策定
●良いイシュー・ステートメントの例　●悪いイシュー・ステートメントの例
●戦略目的の作成　●戦略目的の策定　●良い戦略目的の例　●悪い戦略目的の例

SECTION 6　計画の構成要素 …… 58
●計画の構成要素　●サービス棚卸の実施　●部門
●アクティビティを識別する　●プログラムを識別する

SECTION 7　職員の業績計画 …… 75
●職員の業績計画

第3章　成果の測定

SECTION 8　業績尺度 …… 80
●業績尺度の策定　●アクティビティ尺度群

●重要な成果尺度の設定　●業績尺度データ収集基準
●データ収集戦略

SECTION 9　ベンチマークと業績目標値の設定 …… 100
●ベンチマークとベストプラクティスの設定　●業績目標値の設定

第4章　成果指向の予算編成

SECTION 10　成果指向の予算編成 …… 108
●成果指向の予算編成　●カウンティ全体の年次予算の策定プロセス
●成果指向の予算編成（ＢＦＲ）

第5章　成果の創出

SECTION 11　戦略とアクションプランの実施 …… 118

●アクションプラン　●プログラムと予算の監視
●年度中間時点における予測の作成　●年度中間予測を決定するステップ

SECTION 12 データ収集 …… 126
●顧客満足度データ　●顧客調査の実施　●職員意識調査

第6章　分析と成果報告

SECTION 13 成果の検証とその記録 …… 132
●成果の検証　●業績尺度認定（ＰＭＣ）プログラム
●成果の記録

SECTION 14 データ分析 …… 136
●データ分析の技法　●顧客満足度調査の分析　●職員満足度調査の分析

SECTION 15 成果の伝達 …… 146

●計画の伝達　●成果の提示　●スコアカード／スコアボードの作成

第7章　成果の評価と改善

SECTION 16　業績情報の利用 …… 152
●業績情報の利用　●組織業績の比較

SECTION 17　プログラム・プロセス評価 …… 156
●体系的プロセスの改善　●プロセス改善運営委員会
●プログラム評価　●アリゾナ州経営品質賞

SECTION 18　職員評価 …… 163
●職員評価

SECTION 19　戦略計画の更新 …… 165
●戦略計画の更新

訳注 …… 167
別表 …… 169

第1章　成果指向のマネジメント（MFR）の紹介

SECTION 1　MFRの概要

この節のポイント

- ✓ マリコパ・カウンティにおける成果指向のマネジメント
- ✓ カウンティの戦略計画
- ✓ 成果指向のマネジメント方針

マリコパ・カウンティにおける成果指向のマネジメント

マリコパ・カウンティでは、急速な人口増加とサービスニーズの増大という厳しい課題に直面し、財政の配分を細心の配慮で行うことによって、公共サービスのニーズに応えています。カウンティでは、限りある資源を将来活用することについて、最善の経営意思決定を行うために、計画を長期的な視点で策定しなければなりません。公共サービスが、優れた意思決定によって提供されれば、住民の生活に違いが表われ、しかも納税に見合った価値を得られます。

戦略計画は、高品質なサービスを供給し続け、地域社会の最も重要なニーズに対して、測定可能な成果目標を用いてマネジメントするために、カウンティが用いているメカニズムです。

２０００年に、マリコパ・カウンティ監理委員会（訳注1）は「成果指向のマネジメント」（ＭＦＲ）と呼ばれる行政経営の基本的な体制を確立する方針を採択しました。ＭＦＲとは、マリコパ・カウンティの全部門・機関における計画策定、予算編成、報告、評価、意思決定を統合するものです。ＭＦＲは、パフォーマンスに基づく優れた経営意思決定を行うための方向性を規定し、部門／機関に成果についてアカウンタビリティを果たすことを求めています。

成果指向のマネジメントシステムはマリコパ・カウンティの全職員が以下の３つのことを明言できるようにするためのものです。

１　われわれ職員が今日行っていることが、マリコパ・カウンティの戦略的な方向性に貢献しています（全ての部門に業務計画及び各職員の業績計画と直結する戦略計画があります）。

２　われわれ職員は、自らがこれまで行ってきたことが効果的であることを知っています（業績尺度は「アクティビティ」ごとに識別・管理され、生み出された成果を明示します）。

３　われわれ職員は、プログラムを有効かつ効率的に遂行するのにいくらコストがかかるのか知っています（全ての人的及び財務資源は提供するサービスと結びついているため、サービス提供にどれくらいヒト・カネがかかったのか、どれだけ有効かつ効率的であったのかを説明できます）。

実施の背景

１９９０年代半ばまで、マリコパ・カウンティは予算と資金調達管理において揺るぎない成功を収め、努力が結実し始めていました。１９９８年、業績マネジメントや業績を基礎とする予算編成の分野でのベストプラクティスを調査した結果、行政管理予算局（ＯＭＢ）は、成果指向のマネジメント（ＭＦＲ）として知られる戦略計画・予算編成・業績測定を統合的なプロセスとして連携させる提案書を作成しました。２０００年の夏から秋にかけて、マリコパ・カウンティでは計画策定、予算編成、業績測定を統合した部門別の戦略計画を策定することによってＭＦＲの実施を開始しました。各部門の戦略計画の中に描かれたプログラム、アクティビティ及びサービス（ＰＡＳ）に対応できるように強化した原価計算システムの運用を２００２年会計年度に開始しました。

今日、マリコパ・カウンティは実質を備えた計画策定に取り組んでおり、ＭＦＲシステムを立ち上げて以来、そのパフォーマンスは改善しています。カウンティの部門別計画、それを支援する戦略と予算によって、カウンティ政府の焦点は真のサービスニーズと望ましい成果に向けられ、プログラムとアクティビティはこれらのニーズを取り扱い、カウンティ政府がこれらのサービスをいかに有効かつ効率的に提供しているかを、業績尺度によって評価しています。

成果指向のマネジメント（ＭＦＲ）

成果指向のマネジメントとは、顧客にとって重要な成果を達成することに焦点を当て、各部門が納税者にアカウンタビリティを果たしていることを明らかに示すことができる、包括的かつ統合されたマネジメントシステムです。ＭＦＲが構築する共通フレームワークにおいては、プロセスを支援する６つの構成要素を包含した単一の統合循環プロセスが、戦略計画、予算編成、業績測定、それぞれ相互の整合性を確保しています。

成果指向の計画策定

戦略計画が適切に実施されると、部門の全体的な方向性と目的について共通理解が進み、その結果、個々の職員が、自らの職務、活動、行動が、戦略の方向性や全体的な成功をどのように支えているのかを、容易に判断することができます。成果指向の計画策定においては、部門のミッション、ビジョン、戦略目的の達成にどのように影響し得るかという観点から現在及び将来の趨勢を検討します。戦略目的と業務計画により、カウンティの戦略的優先順位及び目的に方向付けられた部門全体の戦略計画が策定されます。

各部門の計画に含まれる戦略マネジメントの重要な要素である、「イシュー・ステートメント」、「ビジョン・ステートメント」、「ミッション・ステートメント」、「戦略目的」が、当該部門の戦略的な方向

成果の評価及び改善
・プログラム評価
・プロセスの改善
・職員評価
・プログラム及び政策意思決定
成果指向の計画策定
・ビジョン、ミッション、価値観
・環境評価
・戦略的優先順位、戦略目的
・プログラム、アクティビティ、サービス
・職員の業績計画
成果指向のマネジメント
成果の分析及び報告
・成果の検証及び記録
・データ分析
・成果の伝達
・達成の顕彰
成果指向の測定
・測定指標群
・ベンチマーク、目標値
・データ収集基準
成果の創出
・戦略、行動計画の実施
・サービスの提供、データ収集
・顧客・職員調査
・プログラム、予算業績の監視
成果指向の予算編成
・活動基準予算
・予算を戦略的優先順位及び戦略目標に方向付ける
・資源配分

図 1.0　成果指向のマネジメント・プロセス

性を定めています。業務運営においては、部門の戦略計画を構成する3つのレベル、すなわち「プログラム」、「アクティビティ」（訳注2）、「サービス」が、当該部門が成果を出す方策を定めています。この方法で業務レベルを明確化することによって、各レベルが上位レベルの成果にどのように貢献するのか検証することが可能となる、目的に方向付けられた組織が生まれます。監理委員及びマネジャーは、さらに上位レベルの成果に方向付けるように、資源配分やサービス改善に関する日々の意思決定を行うことが可能となります。図1・1は、カウンティ全体のビジョンから始まる方向付け戦略を示します。

成果指向のマネジメントシステムにおいて利用可能で最も強力なツールの1つは、職員業績マネジメントプログラムです。職員業績マネジメントプログラムによって職員は自らが業務運営、部門、カウンティ、それぞれのレベルにおいてどのように貢献しているのかを把握できます。ＭＦＲのプロセスは、カウンティ全体の戦略目的と、部門の戦略目的との整合性を高め、言い換えれば各職員に対する業績向上の期待に直結します。職員の業績評価は、部門の達成した業績成果に対する貢献度に基づいて判断されます。

成果指向の測定

マリコパ・カウンティが採用している、バランスの取れた実践的な業績測定のアプローチは、需要度、アウトプット、効率性、成果等の尺度群を用います。これら尺度群や、サービス品質、職員満足

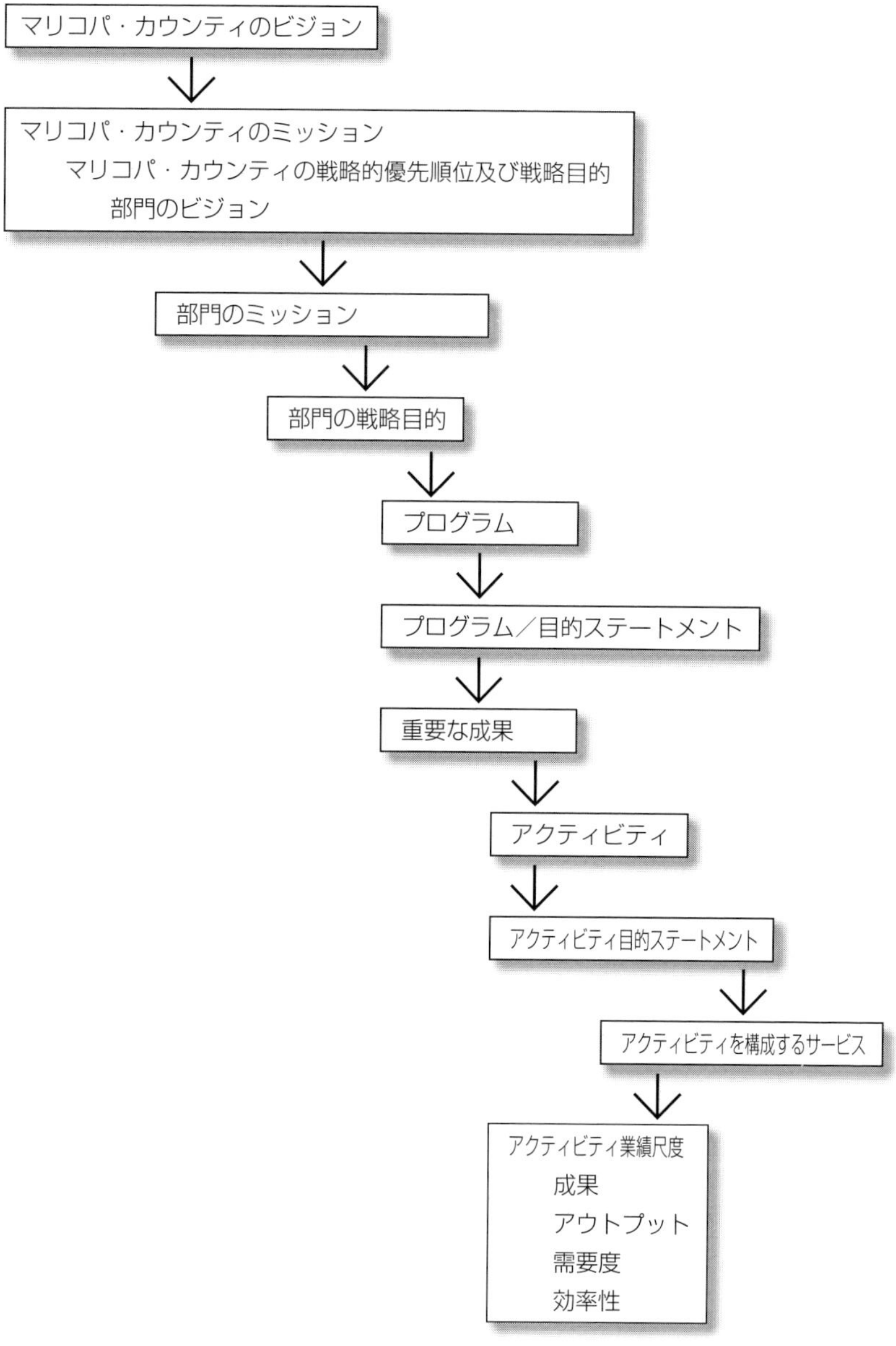

図 1.1 戦略計画要素の目的への方向付け

度、顧客満足度などその他の重要な尺度が、総合的に判断材料として提供されることで、望ましい成果達成に向けた部門運営の効率性及び有効性、ならびに、成果達成の進度について理解することができます。

「アクティビティ」レベルにおいては、成果指向の評価プロセスを通じて、ベンチマークや目標値が確立され、データ収集戦略が策定される一般に認められたデータ収集基準を基礎として、正確かつ信頼できる業績情報の収集が確保されます。

成果指向の予算編成

マリコパ・カウンティの予算システムでは、意思決定者が、十分な財務・業績情報を活用して、成果の達成を図ることができます。また同時に、この予算システムによって、監理委員会の方針である顧客のニーズに基づいた予算運営を確保し、さらに、単なる資金の配分ではなく、成果獲得を念頭に置いて税金が活用できるようになります。カウンティは、戦略計画において策定される運営構造を用いて、各部門の財務計画の設定と財務報告を構造に組みこんでいます。原価計算システムは、各部門の戦略計画の中で明確化されたプログラム（Ｐ）、アクティビティ（Ａ）、サービス（Ｓ）（これらをまとめてＰＡＳ）に対応して設定されています。これにより、部門は自らのＰＡＳに関連した歳出データと歳入データを収集することができます。成果指向の予算編成と戦略計画を統合することによって創出されるマネジメントシステムは、財源、政策、部門の業務、カウンティのスタッフが、それぞれ成果達成という共通した目的のもとで連携することを確保しています。

成果の創出

予算編成プロセスを通じて確定された利用可能な資源に基づき、部門はサービス提供のアクションプランを策定、実施し、さらに顧客満足や従業員満足など業績に関するデータを収集します。プログラムの業績尺度と予算は会計年度を通して定期的に確認されます。測定データなどの情報を定期的に見直すことによって、プログラム要件の充足、効果的なサービス提供、部門の計画に即した歳入歳出予算が確保されます。

成果の分析と報告

業績データを収集・分析することを通じて、部門のサービス提供と目標達成に関する進捗状況がカウンティの意思決定者に提供されます。業績データはまた、あらゆるレベルの管理職及び職員が現行プログラムの問題点を識別し、問題の根本原因を究明し、是正措置を策定するために活用されています。マリコパ・カウンティの内部監査部門は、各部門の業績情報が、完全性、正確性、妥当性、及び一貫性を十分に充たす手段を講ずることによって、意思決定にあたっての報告データの信頼性を保証してきました。

マリコパ・カウンティは、何が達成され、何が達成されなかったのかについて、住民に説明することができます。データの収集、分析を行った後、監査部門は職員と市民の両者に成果を伝達します。カウンティ全域で、監査部門は業績評価データ及び目的達成の進捗度について、成果指向のマネジメントのオンラインデータベースを通じて報告しており、市民はマリコパ・カウンティのウェブサイトから情報を入手できます。業績成果を市民に報告することによって、市民は、税金が成果を創出するためにどのように使われているのかを理解することができます。

成果の評価と改善

業績情報が、プログラムとサービスの有効性・効率性についてカウンティと部門のリーダーシップに何を伝えているかを総合的に評価することによって、業績の改善につなげることができます。各部門は、達成目標及び業績目標に対する組織業績及び個人業績を、定期的に比較し、改善の必要性、プログラムや政策を変更する必要性を明らかにするために、評価情報を利用します。各部門は計画及び予算のためにも業績情報を活用し、優先順位を識別し、戦略を策定し、現在及び将来の地域社会にとって最も決定的に重要なニーズが継続して充たされるための資源配分、及び政策的意思決定を行います。

カウンティの戦略計画

カウンティ全体の戦略計画は、監理委員会が決定した優先順位に基づいて、カウンティのサービス提供の方向性を包括的に定めています。２００１年、カウンティは成果指向のマネジメントシステムの下で最初の5カ年計画を実施しました。5年間でカウンティは計画における次のような優先事項で大きな成果を上げました。すなわち、２棟の成人拘置施設の新規建設、２棟の青少年拘置施設の新規建設、地域の福祉キャンパスの整備、２００１年会計年度では評価額１００ドル当たり１・57ドルの固定資産税率を２００５年会計年度では１・47ドルへと軽減、都市開発の保護地域としてスプール・クロス公園を買収、カウンティの施設、道路、橋梁の設備改良計画を完了、地域の道路整備基本計画策定などの計画です。

カウンティ戦略計画の更新プロセス

マリコパ・カウンティが成果指向のマネジメント原則を活用するのは、カウンティ全域における戦略計画の更新と実施を確実に成功させるためです。２００４年12月からＭＦＲチームが各部門に要求したのが、顧客、職員、諮問・地域委員会、その他の関心を持つステイクホルダーとともに「環境スキャン」を実施することでした。カウンティの戦略計画策定チーム（経営評価チーム）は、このスキャンを活用することで、検討すべき課題や動向を識別することができます。経営評価チームは、部門から提出されたものを再検討し、監理委員会やカウンティマネジャーが検討できるよう、カテゴリー毎に分類しました。監理委員会とカウンティマネジャーは、２日間にわたる戦略計画策定会議において問題点を再検討し、急速に成長・変化を続ける地域社会に対して、成功裡に、健全かつ安定的なサービス提供を確保するために、カウンティが次の2年から5年にわたって意識と資源を傾注すべき領域を識別しました。このミーティングによって戦略的優先順位と戦略目的の草案が策定され、さらに検討と意見徴集のためにカウンティの各部門が共有しました。議会は２００５—２０１０年の戦略計画を２００５年６月に承認しました。

2005—2010年の戦略計画

２００５—２０１０年のマリコパ・カウンティの戦略計画は、カウンティのミッション・ステートメント、ビジョン・ステートメント、カウンティが次の５年をかけて何を達成しようとしているかについてのロードマップを規定した戦略的優先順位と戦略目的で構成されています。新計画は、地域社会の安全、公衆衛生の促進、地域リーダーシップの提供、持続可能な都市開発の推奨、カウンティの財務体質の強化、資質の優れた人材の確保、市民満足度の増大に焦点を当てています。それぞれの優先領域には、業績を評価するための複数の目的と特定の尺度があります。これらの目的と尺度は、本質的に中長期的なものであり、監理委員会が設定した地域社会ビジョンを２０１０年に達成することを目的とするものです。

カウンティは「地域社会指標年次報告書」と「年次報告のための戦略方針」によって、戦略目的と優先順位の達成に対する進捗を追跡調査します。

カウンティ全体の計画は14頁にその概要を示しています。

マリコパ・カウンティ戦略計画 2005－2010

ミッション

マリコパ·カウンティのミッションは、地域のリーダーシップを発揮し、財政責任を果たし、かつ必要な公共サービスを提供することで、住民が健全かつ安全な地域社会の生活を享受できるようにすることです。

ビジョン

協働し、革新的にそして効率的、効果的に取り組むことで、市民が市民に奉仕します。マリコパ・カウンティの職員は、顧客ニーズに応え、同時に慎重な財政運営を行います。

戦略的優先順位

安全な地域社会	·安全な地域社会、合理的で統合された司法制度を確保します。
公衆衛生	·地域社会の公衆衛生の普及を促進し、保護します。
地域における指導的役割	·重大な公共政策分野において地域社会でリーダーシップを発揮します。
持続可能な発展	·マリコパ・カウンティにおける土地利用を慎重に計画し、管理して、環境を保全し、強化します。
財務体質	·健全な財務マネジメントを継続し、固定資産税負担を軽減するとともにカウンティの財務体質強化を図ります。
質の高い労働力	·優れた資質の人材を確保し、職員が安全かつ健康に仕事をするのに必要なツール、技能、作業環境、資源を与えます。
市民の満足	·カウンティが提供するサービスの質及びコスト有効性への市民満足を増大することによって、カウンティに対する市民の信頼向上に日々努めます。

成果指向のマネジメント方針

1　目的

マリコパ・カウンティ 方針と手続き	件名：成果指向のマネジメント方針　番号：B6001 発行日2000年9月
承認者：Andrew Kunasek	起案部局：行政管理予算局（行政管理予算局）

当方針が規定するフレームワークによって、マリコパ・カウンティの全ての部門・機関において計画策定、予算編成、成果報告、業績評価及び意思決定を、統合します。このフレームワークを成果指向のマネジメントと呼びます。

成果指向のマネジメントとは、すなわち、市民に対するアカウンタビリティを果たすというカウンティのミッション、ビジョンを遂行するための、諸要件を確立しているマネジメントシステムです。

当方針は監理委員会の権限の下、カウンティの年間予算プロセスの一部として公表されます。

2　定義

成果指向のマネジメントシステム

成果指向のマネジメントとは、組織全体、そのマネジメントシステム、職員とその組織文化（信念、行動、言動）が、顧客のための成果の達成に焦点を当てることを意味します。成果指向のマネジメントが、業績に基づく、優れた経営意思決定のための方向性を創出し、部門／機関が成果に対して責任を持つこととなります。

戦略計画

戦略計画は、部門、機関及びカウンティの、ミッション、戦略目的、業績測定を示すものです。戦略計画は、部門／機関の職員、カウンティの意思決定者、監理委員会及び市民に対して、成果を出すための部門／機関の組織編制及び部門／機関が説明責任を持つ内容に関する情報を提供します。戦略計画によって、カウンティの全職員は、組織の全てのレベルにおいて、自らの貢献度を知ることができます。

成果指向のマネジメントリソースガイド

当リソースガイドはマリコパ・カウンティの戦略計画プロセスと、計画を策定し実施する方法を明記したものです。リソースガイドはカウンティの全職員に利用可能です。

部門／機関

部門／機関には、任命部門、部門、選挙により選定された部門、特別区及び司法部門を含みます。

３　一般方針

マリコパ・カウンティの全ての部門／機関は、マリコパ・カウンティの成果指向のマネジメントシステムに参画し、この方針に従わなければなりません。

４　一般的要件

Ａ　成果指向の計画策定

１　部門／機関は、予算プロセスの一環として、部門／機関における戦略計画を策定し、行政管理予算局に提出するものとします。

２　全ての戦略計画は、成果指向のマネジメントリソースガイドにまとめられた書式によって作成され、行政管理予算局に提出します。全ての戦略計画は予算日程表に従って提出します。

３　全てのマネジャーは、部門／機関の戦略計画と整合する業績計画を策定するために、任命スタッフとともに作業に当たります。業績計画は業績マネジメント方針に準拠して策定するものとします。

４　カウンティの行政担当者は、戦略的優先順位と重要な成果尺度を含むカウンティ全域の戦略計画を策定し、監理委員会に提出します。

Ｂ　成果指向の予算編成

１　行政管理予算局と財政部は成果指向のマネジメントシステムと連携する財務組織を構築し維持します。

２　監理委員会は、行政管理予算局に対し、資金配分勧告の基礎として、部門／機関の戦略計画と業績尺度を再検討するよう指示します。

Ｃ　成果の報告

１　部門／機関は、年間予算日程表に従って、予算及び計画目的に関する指標群を行政管理予算局に四半期毎に報告します。

2　行政管理予算局は測定結果を要約し、配布します。

D　成果の評価

1　内部監査人が、戦略計画と業績指標を審査し、報告します。

E　意思決定とアカウンタビリティ

1　監理委員会は全ての管理職に対し、業績情報を活用し、有効かつ効率的に活動を管理するよう指示します。

2　管理職は、政策とプログラムにおける意思決定に際し、業績情報を検討します。

SECTION 2 MFRチーム

この節のポイント

- ✓ ＭＦＲチーム
- ✓ ＭＦＲ実施支援連絡部門

●はじめに

マリコパ・カウンティにおいて成果指向のマネジメントの実施に当たっては、各部門の部長、プログラムマネジャー、戦略調整担当者と予算調整担当者が、行政管理予算局（ＯＭＢ）のＭＦＲチーム及び予算アナリストと協力して取り組むことが求められます。そうすることによって、アカウンタビリティが向上し、業績が改善し、成果を達成することができます。

●ＭＦＲチーム（ＯＭＢ）

ＭＦＲチームの目的は、マリコパ・カウンティの住民のために優れた成果を出すために、カウンティの行政部門の計画策定、評価、報告、業績改善を促進することです。ＭＦＲチームは、以下の４大領域でカウンティの部門に成果指向のマネジメントのトレーニング及びコンサルティングサービスを提供します。

・計画策定　戦略計画及び業務計画と目的を策定し、精緻化すること
・業績測定　マネジメントに有用な業績尺度を策定し、精緻化し、追跡すること
・業績報告　業績の成果を内部及び外部に報告する方法を策定すること
・業績改善　成果を分析し、改善すべき領域を識別し、プロセス改善に従事する際に支援を行うこと

ＯＭＢの予算アナリストは、部門と共同して予算を策定、維持し、歳入予算及び歳出予算が部門の計画と整合していること、資源が効率的に用いられていること、義務的なサービスに対する需要が充たされていること、成果が維持されているかまたは改善していることを確認します。ＯＭＢのアナリストもまた、更新された戦略計画を再検討し、プログラムの再検討と評価を行います。

ＭＦＲ実施支援連絡部門（訳注３）

当部門の部長は、ＭＦＲへの取り組みを支援し、職員が成果指向の考え方を身につけられるよう奨励し、ＭＦＲフレームワークを活用することによってもたらされた部門の成功について伝達することに

よって、成果指向のマネジメントの実施に、重要な役割を果たします。

各々の部門には戦略の調整担当者（戦略コーディネータ）として職責を果たす職員が配属されます。戦略コーディネータは、それぞれが所属する部門でＭＦＲのシステムを調整する役割を果たします。彼らは、ＭＦＲ案件に対する部門における情報の供給源として、所属部門とＯＭＢのＭＦＲチーム間の連絡係の任務を負います。彼らは、所属部門において、ＭＦＲの実施に関わる方針、手続き、プロセスを伝達すること、部門の戦略計画と業績指標をＭＦＲ全体が求める要件に対して着実に整合させることに責任を持ちます。戦略コーディネータは、成果指向の予算編成と一貫した業績指標を確実に、策定、報告、利用するために、部門予算の連絡担当者と密接に連携をとる必要があります。

SECTION 3　重要な用語と定義

この節のポイント

✓ 重要な用語と定義

アカウンタビリティ（Accountability）

カウンティ政府が、顧客のための成果という観点に立って、納税者が自らの納めたお金と見合ったものを得ているかについて、納税者に進んで説明し、かつ説明することができること。

アクション・プラン（Action Plans）

戦略計画を実施するに当たって用いられる詳細なステップ。

アクティビティ（Activity）

単一のアウトプットである共通の目的または成果にグループ化された一連のサービス。

アクティビティリーダー（Activity Leader）

１つの活動の中でサービスの達成を調整し、業績尺度に関して報告された情報を提供することに対して、リーダーシップの役割を果たすべく指名された職員。

ベースライン（Baseline）

改善目的の設定及び将来の進捗評価のための比較情報を提供するために活用される、初期データ、または確定された過去もしくは現行の業績レベル。

ベンチマーキング（Benchmarking）

より効率的、効果的な業績を達成するために、適用するのがふさわしいベストプラクティスを識別することを目的として行う他の組織との体系的な業績の比較。このプロセスから、比較のためのベンチマークを確立することができる。

ベンチマーク（Benchmarks）

組織が業績を測定する基準または目標値。

ベストプラクティス（Best Practice）

産業、リーダーシップ、マネジメントまたは運営上のアプローチのいかんを問わず、一領域における優れた業績。飛躍的な業績を生む方法。特定のベンチマーキング研究の実施により、業績の改善に貢献すると識別されている革新的な業務慣行を通常示す相対語。

成果指向の予算編成（Budgeting for Results）

アクティビティを実施するコストまたは効率性及び顧客のために達成された成果を記述した業績情報に基づいて、または業績情報の報告を受けて、予算意思決定が行われる予算プロセス。これは、部門の戦略計画の構造に従って会計及び予算編成システムを構築することによって達成される。

継続的な改善（Continuous Improvement）

効率性、有効性を改善することによって、サービス提供を向上するためにとられる、継続的で、漸進的かつ測定可能なステップ。

顧客（Customer）

部門の外部及び部門の内部（例えば、内部のＩＴ／管理グループからサービスを受ける職員）双方を含む、部門またはプログラムの産物もしくはサービスを受け取るかまたは利用するすべての人、またはそのような産物もしくはサービスによって、最大の利益が提供されるすべての人。

需要度尺度（Demand Measure）

顧客が、要求するかまたは必要とする、製品またはサービスの総単位数を示す業績尺度。

部門（Department）

当リソースガイドで用いる場合には、「部門」という用語は、任命によりまたは選挙等で選ばれる職、行政機関もしくは部門（司法局を含む）または特別区として指定された政府全体をいう。

効率性尺度（Efficiency Measure）

マリコパ・カウンティにおける成果指向の予算編成を行うために、効率性評価は、アウトプット当たりの平均活動原価を示す業績尺度と定義され、１ドル単位で表示する。例えば適時性または生産性などのその他の効率性尺度は、成果尺度（例えば３日以内に処理される許可件数比率）として表される。

職員業績マネジメント（Employee Perfomance Management）

職員業績計画を作成し、コーチング及びカウンセリングを行い、アクティビティの成果と連携する成果という観点から業績を評価することにより、職員評価を行う実務。

職員業績計画（Employee Performance Plan）

職務内容記述及び期待される成果に応じて、部門の戦略計画と整合する職員の目的及び目標を設定するプロセス。

環境評価（Emvironmental Assessment）

組織に影響を及ぼす内部の状況と外部データの体系的な分析と評価。

尺度群（Family of Measures）

尺度群は、アクティビティの業績を評価するために用いる業績尺度の４つのカテゴリー「需要度、アウトプット、効率性、成果」である。群として分類する理由は、それらが相互に関係をもつものとして設定され、用いられるためである。それらは、各々のアクティビティについて次のような内容を示す。

「我々は、この顧客のために、それらのアウトプット（サービス）を求める需要に対して、このコスト（効率性）で、このアウトプットを提供することによって、成果を創出します。」

ギャップ分析（Gap Analysis）

望ましい状態と現行との間の差異の大きさを識別し、分析すること。

目的（戦略レベル）（Goals, Strategic）

次の２～５年にわたって達成されるべき特定の成果、すなわち部門と顧客が直面している主要な課題にプロアクティブに対応するために、部門が行わなければならない事項を表したもの。

インプット尺度（Input Measures）

インプットは、アクティビティを提供するために用いられる資源の量。インプットはドルまたは時間によって示されるが、時には人的または物的資源によって記述される。

イシュー（戦略レベル）（Issues, Strategic）

戦略計画においては、カウンティまたは特定の部門及びその顧客に対して大きな影響を及ぼす環境を意味する。

イシュー・ステートメント（Issue Statements）

次の２～５年にわたって部門及びその顧客に大きな影響を及ぼしうる、イシューとその動向を要約したもの。イシュー・ステートメントには、その影響がどのようなものであるかについても記載する。イシュー・ステートメントは非常時用の文書ではなく、とるべき行動を記述するものでもない。イシュー・ステートメントは、環境評価の結果を示すものである。

重要な成果尺度（Key Result Measure）

プログラムによる達成が期待される全体的な成果の尺度であり、プログラムの達成状況について顧客／市民に伝えるもの。

成果指向のマネジメント（Managing for Results）

成果指向のマネジメントは、顧客のための成果を達成することと、マリコパ・カウンティの納税者に対する説明責任に焦点を当てた、十分に確立したマネジメント原則を活用した包括的で統合的なマネジメントシステムである。

指令（Mandate）

連邦または州の組織から、サービス提供または特定のアクティビティの実施をカウンティの組織に求める、憲法上、法令上、判例上の要請。

ＭＦＲデータベース（MFR Database）

部門の戦略計画、業績尺度、成果の報告を含むカウンティのオンラインデータベース。

年度中間予測（Mid-Year Forecasts）

会計年度の上半期の業績に基づいて、年度末に達成される成果を予測するのに用いる。

ミッション・ステートメント（Mission Statement）

部門全体の目的、誰が顧客なのか、その顧客のために部門がどのような成果を成し遂げるのかについて、明瞭かつ簡潔に記載した文書。

目標（Objectives）

戦略計画を実行するために極めて重要なアクション・プランの要点として示された特定の達成すべき業績。

アウトプット尺度（Output Measure）

顧客のために生産され、または提供される単位数を示す業績尺度。数値で表される。

業績測定（Performance Measurement）

顧客が期待する成果の達成に関する、プログラムまたはアクティビティの進捗を評価する手法。マリコパ・カウンティでは、需要度、アウトプット、効率性、成果を測る指標群を用いる。

プロセス改善（Process Improvement）

顧客にとって重要であり、より良い成果につながるための、構造化された、データ主導によるプロセス改善。これには、現在のプロセスについてデータの収集と分析、プロセスを改善するための基準、ベンチマークと目標値の識別、データを活用したどの新規プロセスを実行するべきかという意思決定、新規プロセスによる業績の計画的な追跡・評価が含まれる。

プログラム（Program）

共通の目的または成果を有する一連のアクティビティ。

成果尺度（Result Measure）

顧客がアクティビティまたはプログラムから受け取る影響または便益を評価する業績尺度。パーセントまたは比率で表される。

サービス（Services）

サービスは、顧客が受け取る成果物または産物。複数のサービスが、1つのアクティビティを形成する。

ステークホルダー（Stakeholder）

行政機関やアクティビティが産み出す成果に対して、強い関心を持ち、または成果を期待する人またはグループ。

戦略コーディネータ（Strategic Coordinator）

成果指向のマネジメントのプロセスを調整、実行、管理して、担当する部に対して報告を行う各部門の職員。

計画の戦略的要素（Strategic Elements of a Plan）

ミッション、ビジョン、バリュー、戦略目的とイシュー・ステートメントを内容とする。

戦略フィットネス大賞（Strategic Fitness Award）

成果指向のマネジメントの原則を最も忠実に具体化した部門に対して、マリコパ・カウンティ行政管理予算局が授与する賞。

戦略計画（Strategic Plan）

戦略計画は、組織に対して、目的、戦略目的、運営構造と成果予測を規定する。戦略計画は、成果を生むために部門をどのように組織的にまとめるか、そして、部門が達成に責任を負う成果は何かについて、部門の職員、カウンティの意思決定者、監理委員会と市民に対して情報を提供する。計画は、部門の全職員が、組織の全レベルにおいて、どのように貢献するかについて判断する機会を提供する。

計画の構成要素（Structural Elements of a Plan）

プログラム、アクティビティ、サービスと業績尺度を内容とする。

目標値（Targets）

目標値は、望ましい改善の程度または達成可能な目的を示すために用いられる。

トレンド（Trend）

データ分析において、トレンドは、測定可能な事象や状況が一定期間に増加しているか、減少しているか、現状維持かについて文書化し示されたもの。通常、カウンティの業績尺度の年次追跡では、３年にわたるデータを把握すれば、トレンドを示すことができる。

バリュー・ステートメント（Value Statement）

部門にとって最も重要な、集団で共有する基本的な考え方、姿勢及び信念を記述したもの。

ビジョン・ステートメント（Vision Statement）

部門が期待する変化と、部門がその戦略目的を達成して、そのミッションを遂行したならば、どのような未来が開けるかについて記述するもの。

第2章　成果指向の計画策定

SECTION 4 成果指向の計画策定の概要

この節のポイント

✓ 戦略的要素の概要

このセクションでは、戦略計画の主要な要素に関する情報を提供します。

戦略的要素の概要

戦略的要素は、部門のトップ、カウンティの指導部と市民に部門の戦略的な方向性に関する情報を提供します。

部門のビジョン

我々は、どこを目指すのか？

部門のバリュー

我々は何者か？　我々にとって最も重要なバリューは何か？

部門の任務

我々は何をするのか？　それは何故するのか？　誰のためにするのか？

部門の問題

どんな問題／トレンドが、将来部門に影響を与えるのか？

部門の戦略目的

ビジョン／ミッションを達成し、問題や動向に取り組むために、必要な望ましい成果は何か？

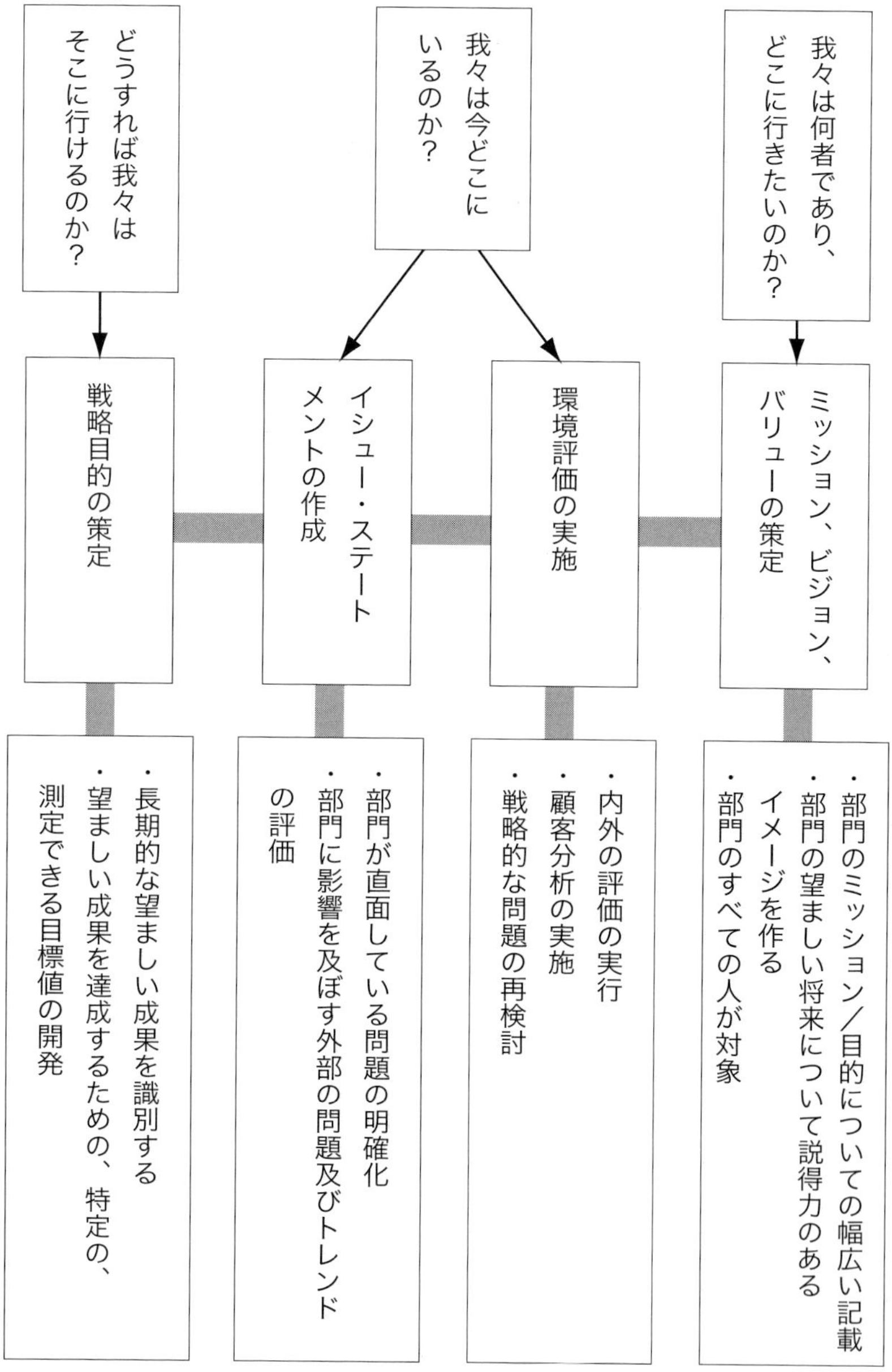

我々は何者であり、どこに行きたいのか？
我々は今どこにいるのか？
どうすれば我々はそこに行けるのか？
ミッション、ビジョン、バリューの策定
環境評価の実施
イシュー・ステートメントの作成
戦略目的の策定
・部門のミッション／目的についての幅広い記載
・部門の望ましい将来について説得力のあるイメージを作る
・部門のすべての人が対象
・内外の評価の実行
・顧客分析の実施
・戦略的な問題の再検討
・部門が直面している問題の明確化
・部門に影響を及ぼす外部の問題及びトレンドの評価
・長期的な望ましい成果を識別する
・望ましい成果を達成するための、特定の、測定できる目標値の開発

図 4.1　戦略要素モデル

SECTION 5　計画の戦略的要素

この節のポイント

- ✓ミッション・ステートメントの作成
- ✓ビジョン・ステートメントの作成
- ✓バリュー・ステートメントの作成
- ✓環境評価の実施
- ✓イシュー・ステートメントの作成
- ✓戦略目的の策定

●ミッション・ステートメントの作成

ミッション・ステートメントは、戦略計画のいわば礎石であり、戦略目的、プログラム、アクティビティ、サービスを緊密に連携させる基礎になります。また、組織内のあらゆるレベルにおける意思決定に共通する関連情報を提供します。部門のミッション・ステートメントは、部門全体の目標を簡潔かつ明瞭に記述するものです。ミッション・ステートメントは、外部のステークホルダーが組織のアイデンティティ（存在意義）を明確に理解するのに役立ちます。ミッション・ステートメントに記述される言葉と意図は、成果と方向性を伝達し、顧客のために成果を出す組織の責務を表明するものです。また、ミッション・ステートメントによって、組織内の全てのスタッフと業務単位が、目標と組織のアイデンティティに対する意識を共有します。

ミッション・ステートメントの策定

戦略計画の策定過程において、ミッション・ステートメントは部門全体の目標と、顧客が誰であり、組織がその顧客のために達成したい成果とを明確に記述します。ミッション・ステートメントを作成する際は、以下の点を考慮して下さい。

> ミッション・ステートメントは組織のアイデンティティの一部であり、包括的で、容易には変更されないものです。
> ミッション・ステートメントは時代が変化しても相対的に変わらないものです。変更されるのは、①組織の役割、取り組む優先順位、組織構造が変化した時、②新しいリーダーシップが確立した場合に限られます。

・われわれは誰か？

部門別ミッション・ステートメント

________(部門名)________のミッションは、________(特定の顧客または顧客グループ)________に対して________(製品・サービスの概要)________を提供することによって、________(顧客が享受する成果・便益)________を実現することです。

・われわれは何をするのか？
・誰のためにわれわれはそれを行うのか？
・なぜわれわれはそれを行うのか？
・なぜその取り組みに公的資源を投入するのか？

●ミッション・ステートメントの書式

ミッション・ステートメントは、簡潔かつ成果指向でなければなりません。上記のMFRテンプレートを活用して、ミッション・ステートメントを作成して下さい。

●良いミッション・ステートメントの例

(部門名) のミッションは、
・マリコパ・カウンティの職員と部門に車両・設備・燃料サービスを提供することによって、職務の遂行に必要な交通手段と設備を利用できるようにすることです。
・公園の資源保全を図りながら、住民と利用者にレクリエーションと教育の機会を提供することによって、安全で有意義なアウトドア体験を楽しむことができるようにします。

悪いミッション・ステートメントの例

・職業訓練支援の提供を目的とする連邦政府の補助金を管理することです（定型的な業務の説明でしかない）。

・マリコパ・カウンティの環境を改善するリサイクル・プログラムを実施することです（定型的な業務の説明でしかない）。

✓ミッション・ステートメントの必須チェック項目

□ミッション・ステートメントは、部門の目的とアクティビティの領域を効果的かつ明確に伝えていますか。

□ミッション・ステートメントは、組織内の全てのスタッフが、自分たちがどのように貢献しているかを認知するのに十分な広範な領域を対象としていますか。

□ミッションの中で顧客が明確に識別されていますか。顧客はモノではなくヒトですか。

□ミッションは、顧客が受ける成果または便益を明確に述べていますか。

参考：ミッション・ステートメント・チェックシート（別表Ｃ２）

ビジョン・ステートメントの作成

ビジョン・ステートメントは、部門がどうありたいのか、すなわち戦略目的を達成し、ミッションを実現した際の将来像について記述したものです。良いビジョン・ステートメントは、刺激を与え、挑戦的で、しかも職員が自らの職務と部門のビジョンとを関係付けられるという点で意味のあるものです。

部門は、マリコパ・カウンティのビジョン・ステートメント（14頁参照）を採用することを選択してもよいのですが、独自のビジョン・ステートメントを作成することが強く奨励されます。ビジョン・ステートメントの作成は、部門のアイデンティティを明確にし、その焦点を明確にし、職員に刺激を与え、動機付けることに役立ちます。

部門別ビジョン・ステートメントの策定

卓越したビジョンは、組織の上層部とあらゆる階層の職員、換言すれば、ビジョンの実現に関わる人々の間のパートナーシップを通じて思い描かれるものです。素晴らしいビジョン・ステートメントには、以下の特徴があります。

・簡潔で覚えやすい
・挑戦的で人々のやる気を奮い立たせる
・理想像を描いている

・職員、顧客、ステークホルダーに訴えかける
・将来のサービス水準を記述している
・理想的であり、一般的なものではない
・永続的である

マリコパ・カウンティ部門の良いビジョン・ステートメントの例

設備局

専門的であり、効率的、費用効率の高い車両管理サービスを提供できる点で、リーダーとして認知されること。

上位裁判所事務局

顧客の期待を予測し、それに応え、超えること。

公選弁護人事務局

万人にとっての正義という合衆国の約束を実現すること。

社会保障局

マリコパ・カウンティの全ての住民が経済的に自立し、質の高い生活を送る機会を持つこと。

内部監査局

カウンティの全ての業務にわたって建設的な変革を促進すること。

少年保護観察局

マリコパ・カウンティを、少年保護観察部門が指導した青少年が責任ある市民となり、少年犯罪の被害者が正義を実感し、市民がより安全であると感じることができる地域にすること。

公文書管理局

公文書の記録と閲覧において最高の顧客サービスとソリューションを提供する、最も生産性の高い公文書管理局を目指すこと。

ビジョン・ステートメントの必須チェック項目

□ビジョン・ステートメントは、部局の理想的な将来像を明確に示していますか。
□ビジョン・ステートメントは、挑戦的で、人々をやる気にさせるものですか。
□ビジョン・ステートメントは、簡潔で覚えやすいですか。

参考：ビジョン・バリュー・チェックシート（別表Ｃ３）

バリュー・ステートメントの作成

バリュー（価値観）と信念は、組織体の意思決定を導く役割を果たします。バリュー・ステートメントは、部門にとって最も重要なコンセプト（基本的な考え方）、姿勢、信念を含むものです。集団として共有するバリューは、組織文化を規定し、将来のあり方がより適切なものとなるために、組織の選択、目標、将来への希望を明確化するのに役立ちます。バリュー・ステートメントを対外的に公表することは望ましいですが、より重要なことはバリュー・ステートメントに忠実であるように日々努めることです。多くの場合、組織の強みはどのように行動するかにあるのであり、戦略にも、いうまでもなくその産物にあるのでもありません。

マリコパ・カウンティのカウンティ・マネジャーは、以下のバリュー・ステートメントを明らかにしています。

「誇りと誠意と敬意を持って地域社会に奉仕する」

各々の部門は、組織が最も重視する基本的な考え方、姿勢、信念を表現した独自のバリュー・ステートメントの作成を奨励されています。

一般的に、最も優れたバリュー・ステートメントは、次の３つの側面に関する部門の姿勢と価値観を表現します。

・人

職員や顧客の処遇方法

・プロセス

部門の経営、意思決定、製品及びサービスを提供するプロセス

・業績

部門の責任と製品・サービスの質に対する期待値

部門の価値観を明確に表現しているバリュー・ステートメントの例

職員　われわれは相互に配慮し、成長を奨励し、成果を認め合います。

顧客　われわれの最優先事項は、顧客に満足していただくことです。

質　われわれは、最初から、適切なことを的確に行います。

改善　われわれは、以前実施したことを、次に行う際にはより良く実施します。

誠実性　われわれは、最高水準の倫理基準に基づいて行動します。

チームワーク　チームワークを重視し、連携を促します。

リーダーシップ　リーダーは意欲に溢れ、自らも範を示して率先します。リーダーシップはどのような局面にも存在します。

マネジメント　事実に基づいて経営します。

参考：ビジョン・バリュー・チェックシート（別表C3）

バリュー・ステートメントの必須チェック項目

□部門の職員は、日常の業務の中にバリューを組み込んでいますか。
□バリューは、部門のミッション・ステートメントと整合していますか。
□バリュー・ステートメントは簡潔で、平易な言葉で記述され、覚えやすいですか。
□バリュー・ステートメントは、職員や顧客等の外部のステークホルダーとの対話や部門の業務を進めるのに有用なフレームワークを提供しますか。

●環境評価の実施

各々の部門は、将来影響を効果的に及ぼすために、顧客と職員が直面する問題を予測し、理解しなければなりません。環境評価（強み　strengths、弱み　weaknesses、好機　opportunities、脅威　threats の頭文字を取ってSWOT分析としても知られている）は、組織の活動に影響を与える内部環境ならびに外部環境を体系的に分析し、評価する手法です。環境評価はさまざまな情報源からのデータ

▲好機▼	▲強み▼
どのような外部からの影響が好機をもたらしますか？	部局内部の強みは何ですか？
▲脅威▼	▲弱み▼
どのような外部からの影響が脅威をもたらしますか？	部局内部の解決すべき課題は何ですか？

図 5.1　SWOT 分析

に基づいた情報や、将来予測についての職員や顧客等の組織内外の関係者による専門的な判断に基づいて実施されなければなりません。環境評価は情報と展望を提供し、イシュー・ステートメントや戦略目的を策定するための関連情報を提供します。

環境評価の実施方法

環境評価の実施に際しては、定評のあるツールや技法の採用が奨励されています。以下は、環境評価の際に検討すべき要素です（詳細は、別表B1環境評価に影響を与える要因を参照）。

・将来的に部門の活動に影響を与えると考えられる要因で、当該サービス分野、州レベル、全国レベル双方において現在起こっていることを検討する。具体的に、以下の「PEST」の観点を検討する。

○政治（Politics）

○経済（Economy）
○社会・人口動態（Social/Demographics）
○技術（Technology）

・「マリコパ・カウンティ地域社会指標年次報告書」で公表されているカウンティの指標を検討する。
・同一の業務分野の関係者が予測している動向（業界誌、専門家団体、会議等）と、それらが部門や顧客に与える潜在的な影響を検討する。
・部門の現行の業績情報を評価する。
・部門に実施した監査から得られたフィードバック情報を検討する。監査で識別された弱みに対して、部門がどのように対応できるかを検討する。
・カウンティのために作成された年次の経済及び人口統計予測を検討する（ＯＭＢのウェブサイトで入手可能）。
・カウンティの他部門が作成した、自部門の活動に影響を与える可能性がある課題及び報告書等を検討する。
・内部評価を実施し、どこに好機が存在し、どの課題に取り組むべきかを決定する。

まず、環境評価に関する調査と議論から得られた情報を統合・分析します。次に、今後２～５年の間に部門や顧客に対して大きな影響を与えると考えられる課題や動向を識別し、記録します。

パニックに陥る必要はありません

評価の取り組みを支援するためにさまざまな資源が利用可能です。ＯＭＢは歳入予測及び財政見通しに関する情報をウェブサイトで公開しています。統計局が行っている全米地域社会調査から人口予測と人口統計情報に関する情報が入手可能です(www.census.gov)。アリゾナ州経済安全省は労働市場をはじめとする経済指標を提供しています(www.workforce.az.gov.)。当情報、さらに多くの情報に対するリンクについてはＭＦＲＥＢＣウェブサイトをご参照下さい。

イシュー・ステートメントの作成

イシュー・ステートメントは、環境評価の期間では対応できない、今後2～5年の間に顕在化する部門や顧客への影響が大きい課題と動向をまとめたものです。イシュー・ステートメントの作成に必要なのは、内部環境及び外部環境の課題とその傾向との関係を再検討し、それらの情報を影響評価と簡潔に統合することです。

イシュー・ステートメントを作成する前に、以下の基準に基づいて、取り組む課題の影響、重要性、実行可能性を識別し、評価して下さい。

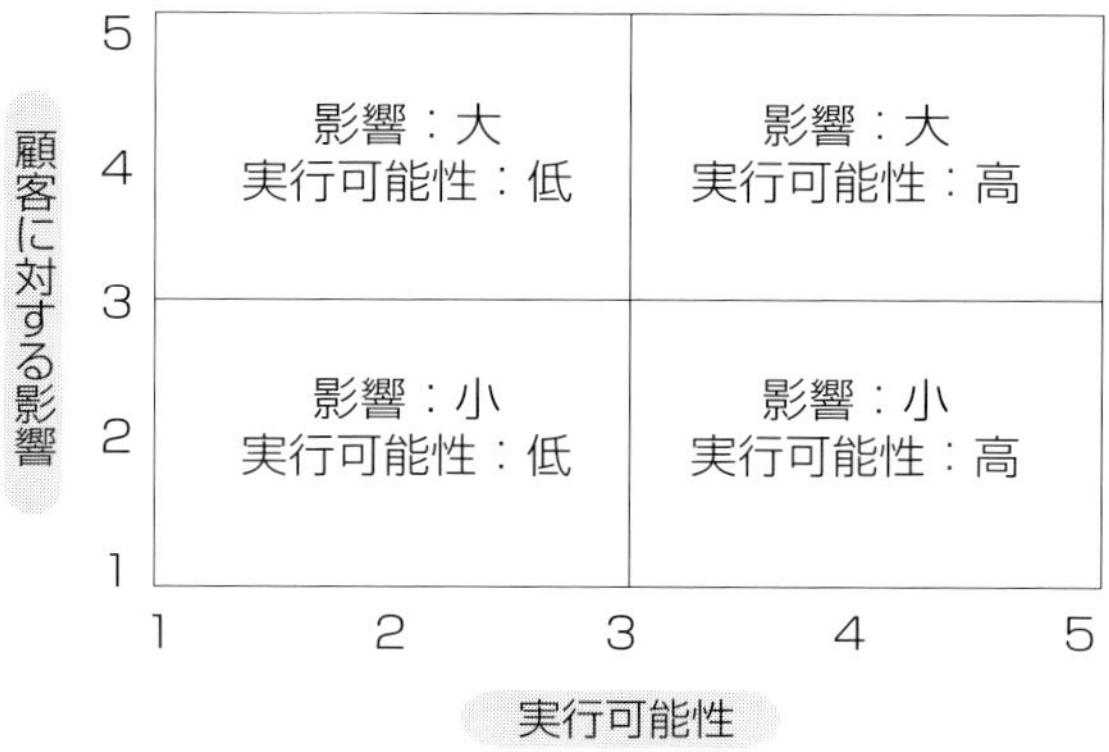

図 5.2　課題の優先順位付け

・**政治**　イシューに取り組むことはどの程度政治的に可能か。

・**影響力**　部門はイシューに影響力をどの程度行使できるのか。イシューは部門がある程度コントロールできるものか。

・**行動の影響**　イシューに取り組むことによって得られる潜在的な便益はどの程度の大きさか。

・**行動しない場合の影響**　イシューに取り組まない場合の起こりうる結果はどの程度深刻か。

・**経済性**　イシューに取り組むために必要な財源／予算資源を確保できる可能性はどの程度あるか。

これらの基準を用いて、顧客にもたらす影響の規模（大小）と課題に取り組む実行可能性に基づいた課題の優先順位付けを行うことができます。課題の優先順位付けを行うためのワークシートとして、別表Ｂ２を利用して下さい。

イシュー・ステートメントの策定

・イシュー・ステートメントは、以下の２つの部分によって構成されます。
(1)　主要なイシューまたは将来動向に関する記述
(2)部門に対して(1)が与える影響に関する記述
・イシュー・ステートメントは事実の記述であり、ニーズや行動に関する記述ではありません。
・イシューは６～８項目以内に抑えて下さい。

組織内部の要素に焦点を当てている、すなわちスタッフ配置、職場環境、資源などを扱うイシュー・ステートメントは、顧客のサービスニーズを満たすための部門の能力に、当該イシューが与える影響との関係について明らかにしなければなりません。

(例)
許認可部門における人員の不足（２００６年度の欠員率は12％）と離職率の増加（２００５年度の９％から２００６年度は14％に上昇）が、質の高いサービスを顧客に適切に提供するという目標を達成する能力の制約要因となっている。

環境評価で用いた特定のイシューまたはトレンドを識別した情報源を明記することが重要です。

良いイシュー・ステートメントの例

・公共料金と需要が増大すると、カウンティ政府が庁舎の一平方フィート当たりの利用料金を低減できるかどうかが影響を受ける。

・全国的にヘルス・ケア業務従事者が不足しているため、カウンティ政府は有能な人材を獲得する民間事業者と直接競合する状況におかれ、その結果として医療人材の質の維持が一層困難となる。

悪いイシュー・ステートメントの例

・政府の技術関連サービス（対組織内と対組織外の両方を含む）に対する需要の増大によって、部門が顧客の期待に応えるサービスを提供する必要性が高まる（あまりに曖昧で、部門に対する明確な影響が記述されていない）。

注：戦略計画の更新期間に、イシュー・ステートメントを再検討して、その時点で部門に対して影響を確実に有しているか確認して下さい。

参考：イシュー・ステートメントチェックシート（別表C1）

戦略目的の作成

戦略目的は、今後2～5年以内に達成すべき特定の成果について記述したものです。望ましい成果という観点から、部門が直面している主要な課題に対して率先して取り組み、かつビジョンとミッションを達成するために、何を行わなければならないかを述べたものです。

戦略目的は、ミッションを、部門の業務・業績・予算に言い換えたものです。戦略目的は部門全体のアイデンティティの構築に貢献し、以下の事項の達成に欠かせません。

・戦略、アクション、成果、それぞれ相互の整合性を確立する
・あらゆるレベルの意思決定のために、成果指向の基盤を提供する
・議員、市民、カウンティの意思決定者にアカウンタビリティを果たす
・部門を全体として評価する基盤を提供する

戦略目的の策定

1　イシュー・ステートメントの再検討　イシューやトレンドに好影響を与えるために、部門がどのように対応する必要があるのか、いかなる成果を達成する必要があるのかを決定する。

2　戦略目的の作成　広義で一般的な表現ではなく、具体的かつ成果指向の表現を用いて、達成期限を明記した戦略目的を表現する。それぞれの戦略目的はカウンティ全体の戦略的優先順位または戦略目

的と整合性があり、かつイシュー・ステートメントと相関していなければならない。

3　優れた戦略目的の特徴の再検討（図5・3参照）

・明確で達成可能な成果を記述する
・顧客に、または部門の改善に焦点を当てている
・現行実務と現状を超えた将来の達成目標を示している
・現行のアクティビティとプログラムにより達成する
・アクティビティ及びプログラムを通じて直接的または間接的に達成を評価する
・「何から」、「どこに」、「いつまでに」、「成果として何が起こるか」について述べている

ベンチマーキングは、「ＳＭＡＲＴ」基準による目的の策定と、望ましい成果の決定に利用可能なツールです。詳細はSECTION ９「ベンチマーキングと業績目標値の設定」を参照して下さい。

Specific（具体的）

戦略目的は、特定の成果目標を表すもので、それらを達成する方法を表すものではありません。目的に基づいて具体的な戦略を構築し、十分に詳細に記述することによって目指すべき方向性についての関係者の理解を得る必要があります。

Measurable（測定可能）

戦略目的は、いつ達成されたかを確定するために測定可能でなければなりません。目的達成の進捗度を測定する方法は、実際に事業に着手する前に設定されている必要があります。

Aggressive but Attainable（意欲的かつ達成可能）

目的が達成すべき基準である場合には、意欲的なレベルに設定されなければなりませんが、不可能な要求は望ましくありません。

Results-oriented（成果指向）

戦略目的は、成果を特定しなければなりません。例　顧客満足を改善するため、情報の照会依頼案件の95%を30日以内に処理し、同時に、年間の平均所要日数を20日以下にします。

Time-bound（期限を明記）

数カ月から数年の範囲で、目的達成までの妥当な達成期限を、具体的に設定して下さい。

図5.3　SMART による目的の策定

良い戦略目的の例

２００８年1月までに、顧客満足の向上のため、申請処理と免許の発行に要する平均日数を５日間から２日間に短縮する。

２００７年3月までに、マリコパカウンティの青少年の読解力を高めるために、青少年読書プログラムへの平均参加率を２００５年度比で10％増大させる。

悪い戦略目的の例

当部門の顧客に継続的にサービスを提供する（成果と期限に関する記述がない）。

カウンティ職員向けの教育訓練・資格取得プログラムを管理する（定型的な業務の説明でしかない）。

目的達成の進捗度は、四半期ごとの報告期間ごとに報告されます（135頁参照）。戦略計画の更新期間（165頁参照）に、組織の優先順位、ニーズ、環境の変化等と一貫するよう、目的の再検討が行われなければなりません。

重要基準に照らし合わせて戦略目的をチェック

□目的は測定可能ですか
□部門は目的の達成をどのように知りますか
□目的は成果指向で未来に焦点を当てたものですか
□目的と1つ以上のイシュー・ステートメントの間に明確な関係性がありますか
□目的の達成は、部門の重要な変化、または部門の一部の取り組みを示すものですか
□目的は1つ以上のプログラムによって合理的に達成されますか
□全ての目的は、部門を全体として評価する方法を提示していますか
□目的を達成するための特定の期限が示されていますか

SECTION 6 計画の構成要素

この節のポイント

- ✓計画の構成要素
- ✓サービス棚卸を実施する
- ✓アクティビティを識別する
- ✓プログラムを識別する

●計画の構成要素

部門における戦略計画の構成要素は、その部門がミッションと目的を達成するために実施するサービス、アクティビティ、プログラム、そして業績尺度です。構成要素は、当該組織がその戦略計画を実行するために用いる方策と、その成果を評価する手段を記述します。一般的には、要素は一定している必要があり、組織の優先順位、構造、または役割が変化した場合、もしくはリーダーが交代した場合にのみ修正されます。

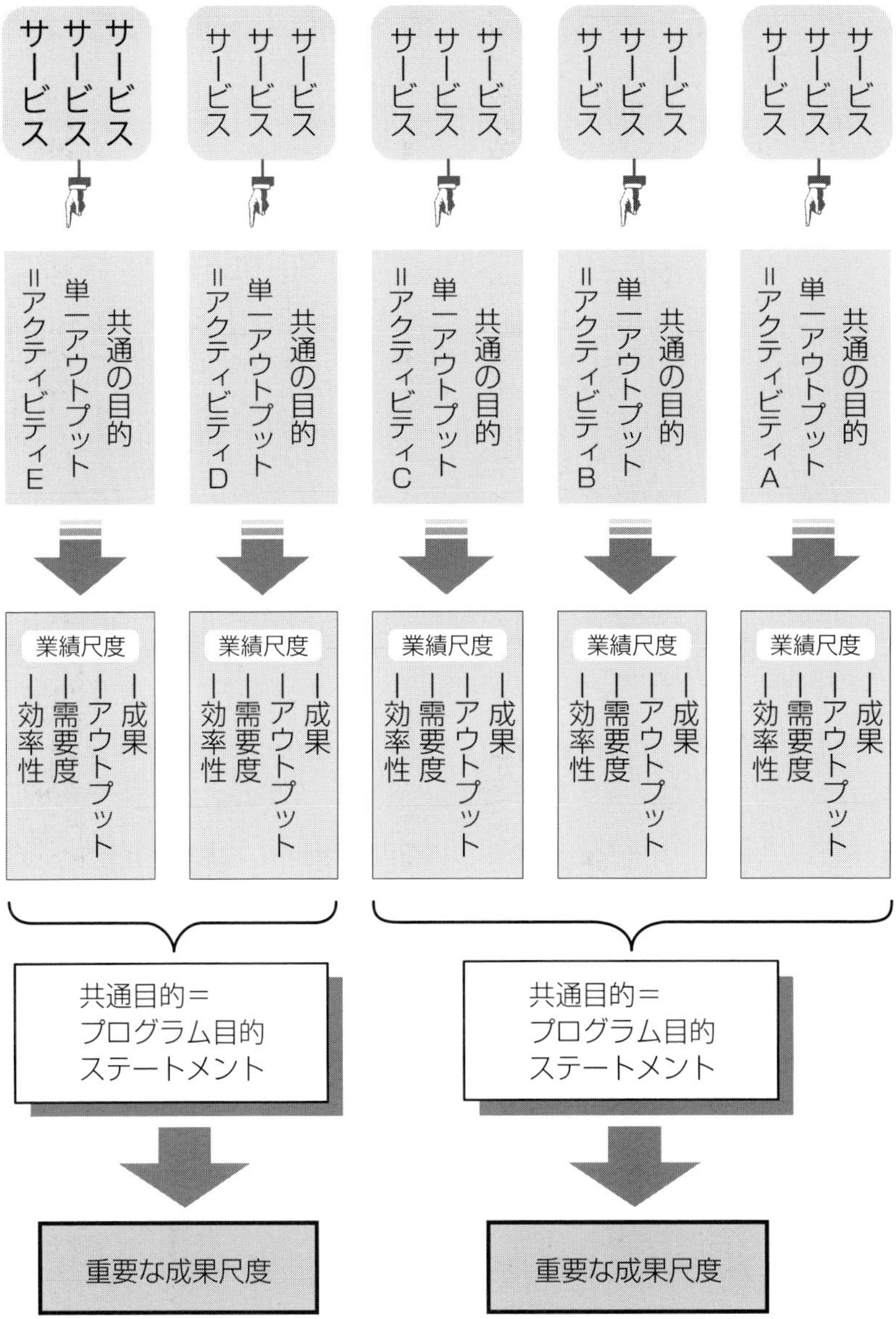

図 6.1　部門の戦略計画の構成要素

その部門が提供するもの	顧客が提供されるもの
再検討し許可を与えるプロセス	許可
訓練の実施	訓練
文書の写し	文書
エコツアーの実施	ガイドつきプログラム
子供の安全に関する説明会	子供の安全に関する情報
道路の維持補修	使いやすい（改善された）道路

図6.2　顧客に焦点を合わせたサービス

●サービス棚卸の実施

サービス棚卸は、顧客がその部門から受ける最終的なサービスまたは製品をまとめたものです。カウンティが提供するサービスは、製品のように本来は実体として把握可能なものかもしれませんし、サービスのように実体のないものかもしれません。それらは顧客が提供されるものを明示するという点で、他のプロセスとは区別され、いかにして予算が成果を出すために用いられているのかを説明してくれます。サービスは動詞ではなく、名詞で表記され、測定可能なものであるべきです。それらは、その部門が行う内容や提供する方法ではなく、顧客が受け取る内容で記述されます。

●部門

サービス棚卸を作成することにより部門ができること

・当該部門が定期的に確認及び管理したい重要なアウトプットを識別する

・部門がコストを把握し、定期的に確認できる会計システムを創り上げる

・内外の顧客のためにその部門が提供できるものを明確化する
・職員に彼らとその同僚が提供するサービスが、どのように成果に関連するのかを示す
・個人とチームのアカウンタビリティを結びつける

ステップ 1 部門の全分野においてサービスを識別する

・サービスを個別に識別して下さい（その部門が顧客に提供する全成果物）。
・それぞれのサービスについて、サービスの受け手が誰かを識別して下さい。
・以下のことをよく考えて下さい。部門が市場においてそのサービスを販売しており、マーケティング用のパンフレットを作りたい場合には、その部門が迅速かつ簡潔に顧客に伝えるべき一覧は、どのような内容になりますか？　人々はその部門から有形または無形のどのような財またはサービスを購入することができますか？
・第三者が提供するサービスで、当該部門がサービス提供に監督責任を持つサービスを識別して下さい。
・その部門が資金を支出し、または歳入を得る、ありとあらゆる項目に関して検討して下さい。これら全ての項目はサービスとして組み込まれていますか？

ステップ 2　棚卸表を再検討し、それぞれの項目が以下の判断基準を充たすのに必要な書き換えを行う

・当該サービスを受ける顧客はいますか？
・当該サービスは名詞、もしくは名詞句で表現されていますか？
・定量的に測定可能ですか？　評価時には、サービスのアウトプットは「○件のサービス単位の提供」のように記述します。
・内外の顧客に実際に製品を提供する以前に実施する活動ではなく、（顧客が受け取る）最終製品または成果物を記述していますか？

重要基準に照らし合わせてサービス棚卸表をチェック

□当該部門が内外の顧客に提供する全ての重要なサービスと財は棚卸表に含まれていますか？
□それぞれのサービスは、顧客とコンタクトして提供可能なものですか？
□それぞれのサービスは、その部門が達成すべき課題ではなく、顧客が受ける成果物になっていますか？
□全てのサービスは名詞で表現されていますか？
□それぞれのサービスは測定可能ですか？　部門は産出したサービス単位を数えられますか？
□全てのサービスは、当該組織における適切なレベルで識別できますか？（例えば、明らかにサービスであり、アクティビティや計画とは異なること）
□サービスはそれぞれアクティビティごとに固有の名称がつけられていますか？（例えば、単に協議ではなく戦略計画協議や予算協議といった名称）
□棚卸表により、部門は日次の意思決定をするために必要なコスト情報、しばしばサービス尺度の1単位ごとに把握されたコストを戦略的に識別することができますか？
□作成したサービスの内容は、その部門が監視し、運営したい重要なアウトプットを識別していますか？
□作成したサービスの内容は、部門運営のための成果情報を部門が策定するために有益なものですか？
□棚卸表は、財政が支出され、かつ歳入を産み出される、全ての項目を含みますか？
□棚卸表に所収された全てのサービスは部門のミッション達成に貢献しますか？

アクティビティを識別する

アクティビティは、共通の目的または成果に直接関連する単一に要約されたアウトプットを持つ、1つ以上のサービスを表します。アクティビティは、市民または内部の顧客に対するサービスです。アクティビティは、サービス提供段階で運用され、戦略計画の構成要素を成します。成果指向のマネジメントを支援する様式でアクティビティを定義することによって、その部門と職員が、明確に識別された顧客のための便益という観点から、自分たちが行う業務の意義を理解することができます。アクティビティは、以下の要素により構成されます。

- 共通の目的または成果を持つ一連のサービス
- 単一の要約されたアウトプットまたは代表的なアウトプット
- アクティビティ目的ステートメント
- 指標群

アクティビティは、アクティビティ目的ステートメントと尺度群により、より優れた経営意思決定を行うための関連情報を提供します。戦略計画におけるアクティビティの構造によって、予算のために組織が組み立てられます。これによってステークホルダーに対して、予算編成プロセスを通じて、業務運営レベルでの資源分配やその他の意思決定を行うための業績情報の提供が確保されます。

アクティビティは以下のように策定されます。

・当該部門の顧客は誰か、意図する便益は何かを明確にする
・予算編成のために組織を組み立てる
・尺度群を通じてアカウンタビリティを果たす
・自分たちが提供するサービスと成果達成への貢献について、職員に対して伝達できる、成果指向の環境をもたらす
・経営幹部、チーム、職員それぞれの業績計画と評価を直接結びつける

ステップ1　アクティビティにサービスを集約する

サービスは、現在の組織構造や財源や慣習といったような規準ではなく、共通の目的または成果により集約されるべきです。サービスの真の顧客と、その顧客が期待する成果・便益について識別しましょう。アクティビティ目的ステートメントと業績尺度が、それらの成果のために具体的に策定されるように、サービスを固有のアクティビティに集約することは、成果の達成に焦点を合わせる1つの方法です。

同様に、一部のサービスは、業務単位にまたがって提供されます。もしその部門が、今までのやり方

ではなく異なるやり方で、それらの成果に焦点を当てる取り組みを職員が優先的に行うようにしたいなら、伝統的な方法からアクティビティ方式の集約的なやり方に変更することによってそのことを明確に示すことができます。以下の項目について検討しましょう。

・行政管理予算局などの外部のステークホルダーが必要とすることについて、その部門はどのような情報を有していますか？　外部の顧客が迅速かつ容易に情報を手に入れられるためには、サービスとアクティビティはどのように構成されるべきでしょう？
・集約についてさまざまな選択肢を検討する中で、部門としてどうすれば戦略的たりえますか？
・特定の成果を生み出すために、その部門はどのような方法で取り組みを進めることを望みますか？

✓ 重要な判断基準に照らし合わせてアクティビティ分類をチェック

□サービスをアクティビティにこのように集約することによって監理委員会は市民の観点から政策決定をするのに必要な情報を得られますか。
□サービスをアクティビティにこのように集約することによって、カウンティ政府が健全な資源配分を決定するために必要な情報が提供されますか。
□アクティビティのグルーピングができたとして、このレベルで予算が編成されコストが有効に配分されますか。
□サービスをアクティビティにこのように集約することによって運営に必要な業績情報が提供されますか。

ステップ 2 アクティビティ目的ステートメントの策定

アクティビティ目的ステートメントとは、明快かつ簡潔で成果指向のステートメント（記述）であり、サービスの名称、提供されるサービス及び顧客への意図される便益をまとめあげたものです。アク

アクティビティ目的ステートメント

________（名称）________アクティビティの目的は、________（サービスとして提供されるものの要約）________を提供することでありそれは________（特定の顧客／集団________）のためであり、そうすることにより________（顧客が享受する成果／便益）________を提供できます。

ティビティ目的ステートメントは予算及び業務の運営のための成果に向けての方針を作り出し、その部門の戦略計画の基礎となります。同様に、それらはステークホルダーがその部門のアクティビティとサービスを簡単に理解できるように記述されなければなりません。アクティビティ目的ステートメントを作成するために、上記の**MFRテンプレート**を使用しましょう。

1　アクティビティに名称をつけましょう。従事する職員にとってのみではなく、顧客と意思決定者にとっても意味があり、かつアクティビティの内容を正確に反映した名称を選びましょう。

2　サービスを明瞭かつ簡潔な言葉で要約しましょう。名詞を用いて、不必要な形容詞の使用を避けましょう。専門的な特殊用語や頭字語の使用を避けましょう。プロセスではなく提供できるものは何かという観点から考えましょう。

3　直接の顧客を識別しましょう。可能な限り具体的かつ描写的に、ただし簡潔にしましょう。このアクティビティによって誰が直接的に便益を受けるのか、誰のためのアクティビティなのか、考察しましょう。アクティビティが事実上サービスを提供しない場合には、「マリコパ・カウンティの住民」のような一般的な表現を避け、マリコパ・カウンティで生活する直接の顧客を示しましょう。顧客は、部門の内外にいることを留意してください。

4　サービスを受ける成果として顧客が享受する成果または便益を識別してください。アクティビティによって、何が変わるのか、何が改善されるのか、何が増減するのか、顧客に対する望ましい影響を述べましょう。

プログラムを識別する

プログラムは、共通の目的を有した一連のアクティビティであり、顧客のために成果を生み出します。プログラムは、プログラム目的ステートメントにおいて、明瞭かつ成果指向の用語で記述されます。プログラムは、部門のミッションや目的に方向付けられます。プログラムは、顧客への影響及び部門の業績を評価するための重要な業績尺度を内容とします。プログラムは、幅広い政策領域や予算上の意思決定がなされる水準を表示します。さらに、プログラムは部門の全業務を対象とします。

プログラムは以下のために組み立てられます。

・地域社会が部門からどのような成果を期待できるのかを、監理委員会及び市民に対して、簡潔かつ利用可能な方法で伝達する。
・予算編成上及び立法上の意思決定が焦点を当てるべき場を提供する。
・成果に基礎を置く経営意思決定を確保する。
・部門がミッション達成のために従事する必要があるプログラムについて、戦略的に思考するための手段を提供する。

ステップ 1　個別のプログラムを識別する

アクティビティは、共通の目的または成果ごとに、集約して下さい。

・全ての業務単位及び業務が反映されることを確保するために、それぞれのアクティビティを構成するサービスのまとまりを確認して下さい。
・アクティビティ目的ステートメントを再検討し、共通の目的または成果ごとに集約して下さい。
・プログラムに名称を付けて下さい。

プログラム目的ステートメント

_________（名称）_________プログラムの目的は、_________（提供されるサービスの要約）_________を提供することであり、それは________（特定の顧客／集団_________）のためであり、そうすることにより_________（顧客が享受する成果／便益）_________を提供できます。

ステップ 2 整合性のあるプログラム分類となっているかを確認する

・それぞれのプログラムは共通の目的ごとに整理されていますか？共通目的は、プロセスではなく顧客が享受する成果として表現されていますか？
・部門の全業務が、プログラムの内容とされていますか？
・アクティビティとプログラムの構成は、戦略目的の達成に向けて部門を動かすものとなっていますか？
・それぞれの戦略目的に対応して、目標達成を直接かつ大きく支援する単一または複数のプログラムがありますか？

ステップ 3 各プログラムにプログラム目的ステートメントを策定する

プログラム目的ステートメントを策定するために、上記のＭＦＲ

テンプレートを用いて下さい。

1　プログラムの名称を識別してください。プログラム内のアクティビティに参加する職員のためだけではなく、顧客や意思決定者にとっても、有意義な名称を選択して下さい。

2　プログラムの全体にわたりサービスを要約して下さい。当該プログラムに関係する全アクティビティについての、アクティビティ目的ステートメントに含まれるサービスを要約することを検討して下さい。

3　直接の顧客を識別してください。可能な限り具体的かつ記述的に、しかし簡潔に、行って下さい。

4　期待される成果または便益を明確に述べて下さい。

ステップ４　それぞれのプログラムにおける重要な成果尺度を識別する

・プログラム目的ステートメントの成果・便益に関する箇所を再検討しましょう。
・プログラム目的が達成されつつあるかどうか判断できる尺度を決定しましょう。

・あなたが達成を望む成果全体を最もよく反映する重要な成果尺度を策定し、実施しましょう。

> テンプレートの成果・便益に関する箇所は重要な成果尺度の策定に直接的につながる。もし重要な成果尺度がプログラム目的ステートメントの成果・便益に関する箇所から容易に明らかにならないのであればプログラム目的ステートメントは見直すべきである。

重要な成果尺度は顧客・市民に対して、当該プログラムが達成することを期待される全体としての成果と、いかにしてプログラムが業績を上げるのかについて述べます。これらの尺度は、公開されている成果指向のマネジメントのウェブサイトの中で、強調されています。内部監査部門の業績尺度認定（ＰＭＣ）プログラムもまたこれらの尺度に焦点を当てています（133頁参照）。

ＰＭＣプログラムの多くの要件と整合するように作られている重要な成果尺度要約様式が、一貫性と信頼性を確保するために、それぞれのプログラムの重要な成果尺度について記入されることが望ましいです（別表Ｄを参照）。

重要な成果尺度について詳細を知りたい場合は、業績尺度の策定に関するSECTION 8を参照して下さい。

重要な基準に照らしてプログラム目的をチェック

□それぞれのプログラム目的ステートメントでは、一般的に使用される表現を用いて、つまり専門用語や略語などではなく、プログラムが記述されていますか？

□唯一（場合によっては二者）の重要顧客が固定されていますか？

□プログラム目的ステートメントにおいて、プログラムにおいて同じ分類になっている活動を通し提供されるサービスが、箇条書きではなく、要約されて記述されていますか？

□部門の部外者である読者が、その部門が提供しようと計画した便益を容易に理解できますか？

□計画されている便益は成果の形式で述べられていますか？

□プログラムの便益は、その部門の一つ以上の戦略目的と整合していますか？

SECTION 7　職員の業績計画

この節のポイント

✓ 職員の業績計画

● 職員の業績計画

成果指向のマネジメントシステムにおいて利用可能な最も強力なツールの1つが、職員の業績マネジメントプログラムです。これによって、職員は業務レベル・部門レベル・カウンティレベルにおいて彼らがどれだけ貢献したのかを判断することができます。ＭＦＲプロセスはカウンティの戦略目的と部門の戦略目的との整合性を強化しますが、部門の戦略目的もまたそれぞれの職員に期待される業績と直結しています。職員の業績評価は、部門の業績成果に対するその職員の貢献度に基づいて実施されます。

・業績計画は、部門の戦略計画において識別されたプログラム、アクティビティ、サービスに基づき策定されます。

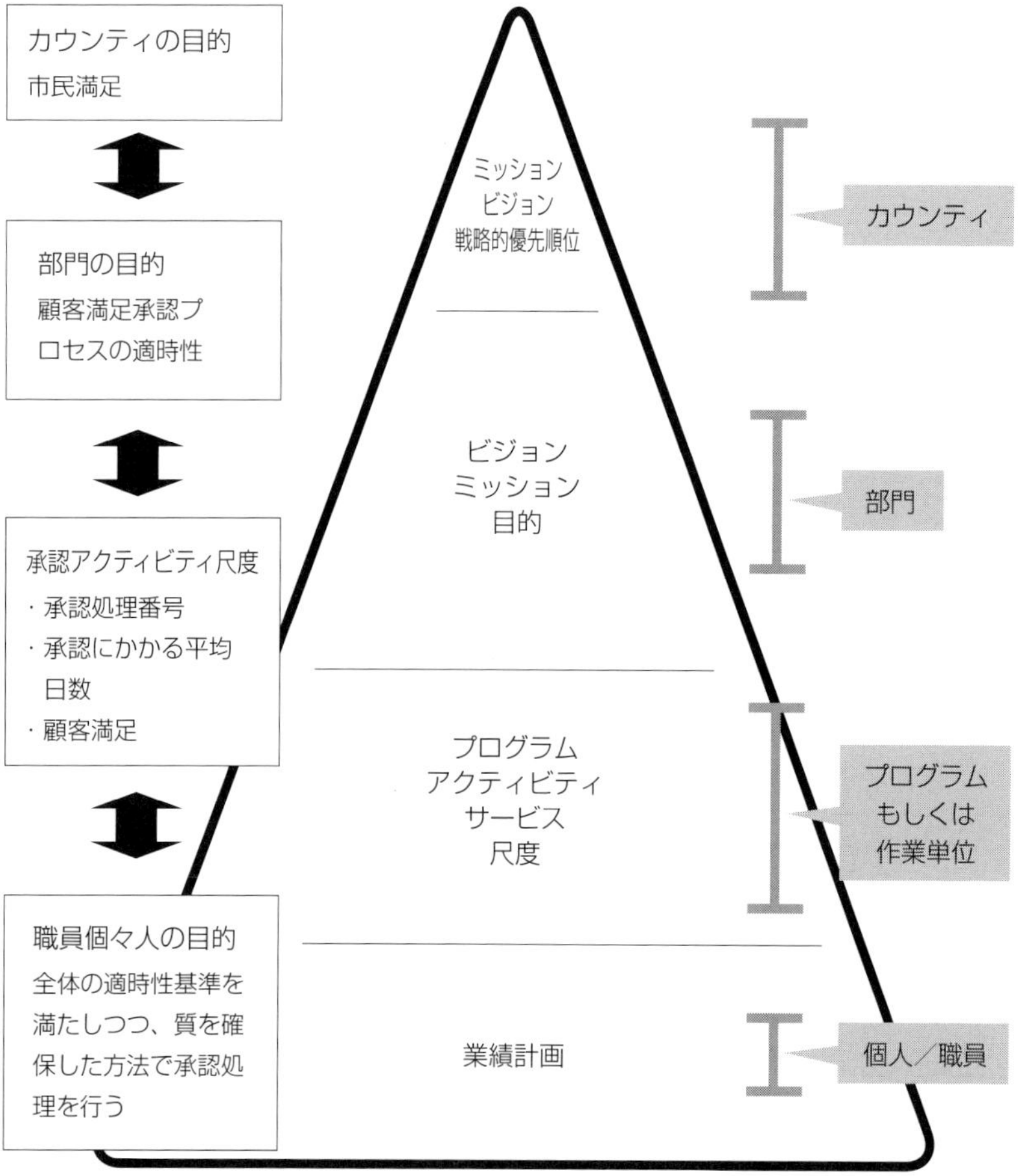
カウンティの目的
市民満足
部門の目的
顧客満足承認プロセスの適時性
承認アクティビティ尺度
・承認処理番号
・承認にかかる平均日数
・顧客満足
職員個々人の目的
全体の適時性基準を満たしつつ、質を確保した方法で承認処理を行う
ミッション
ビジョン
戦略的優先順位
ビジョン
ミッション
目的
プログラム
アクティビティ
サービス
尺度
業績計画
カウンティ
部門
プログラムもしくは作業単位
個人／職員

図 7.1　職員の目的への方向付けの例

・業務単位・作業センター・プログラム・部門の目的、それぞれに対する職員の貢献度により、成功が評価されます。
・職員の業績計画はカウンティと部門の戦略目的と、個人の業績目的を結びつける役割を果たします。
・職員の業績目的は、その職員の業務がカウンティの目的、または部門目標の達成にいかに貢献するかを示すことが望ましいです。

職員業績計画についてより詳しく知りたい場合は、ＥＢＣウェブサイト上のマネジメント資源センター内、業績マネジメントのセクションを参照してください。

第3章　成果の測定

SECTION 8 業績尺度

この節のポイント

- ✓業績尺度の策定
- ✓アクティビティ尺度群
- ✓重要な成果尺度の設定
- ✓業績に関するデータ収集の基準

●業績尺度の策定

業績尺度は、アウトプット、効率性、サービスの品質、部門プロセスの成果、製品及びサービスを定量化するものです。監理委員会、議員、部門の長、行政管理予算局やその他のカウンティにおける意思決定者は、資源配分の勧告や意思決定を情報に基づいて行う際、この業績測定データに依拠します。マネジャーにとって挑戦的な課題は、業績データを把握し報告することのみではなくむしろ、情報を成果指向のマネジメントに用いることです。

部門やその他のステークホルダーが、どのような情報を管理する必要があり、また効果的な資源配分の意思決定にどのような情報が必要かということを定義することは、業績尺度を策定する上で重要な第一段階です。そのためには以下の事項が検討されます。

・部門が日常業務を運営するためにどのような情報が必要か？
・顧客・ステークホルダーはどのような情報を求めているのか？
・カウンティの政策決定者は、資源配分に関する意思決定を効果的に行うに当たり、何を知る必要があるのか？
・部門の業績と顧客への影響がいかなる状況にあるのかがわかる情報は何か？

これらの質問の答えとして選定された成果尺度は、図8・1に示すような特質を備えているはずです。

アクティビティ尺度群

マリコパ・カウンティでは、需要、アウトプット、効率性及び成果尺度を含むアクティビティ尺度群を用いることによって、業績測定に対して、バランスの取れた実用的なアプローチを採用しています。これら4つの尺度は、それぞれのアクティビティに対して策定されなければならず、かつ全体的なレベルで検討されなければなりません。尺度群は全体として、特定のアウトプットがいかにして実際の需要や達成された成果や、アウトプット及び成果の効率性に結びついているのか、について理解するためのの、適切なわく組みを提供すべきです。言い換えれば、単一の評価では全体像を判断できないということ

・目的適合性
部門とアクティビティに論理的かつ直接的に結びついていること。

・理解可能性
明確に伝達され、専門用語や略語がないこと。

・首尾一貫性
計画、予算編成、会計及び報告システムにおいて統一的に用いられていること。

・比較可能性
長期にわたって評価を行うことによって業績動向を示すための、明瞭な枠組みを提供すること。

・適時性
アカウンタビリティを評価し意思決定を行うに当たって、情報がその価値を失う前に情報利用者に対して提供されること。

・信頼性
適正に管理され、検証可能なデータを作り出すシステムによること。入力段階で簡単に操作されてしまうものであってはならない。

図 8.1　優れた成果尺度の特質は？

とです。尺度群を設計することにより、各部門は需要、アウトプット、効率性及び成果の相互関係について理解することが出来ます。

以下は尺度群のカテゴリーそれぞれの解説です。

> 尺度群は成果指向型の予算編成の要求を満たす。しかしながら1つの部門が、内部的に集めることが出来る尺度の数に制限はない。各部門は、優れた経営意思決定のために、またいかに業績をあげているかということを定義できるように、できるだけデータを集めるべきであろう。

需要尺度

定義

顧客の需要がある、もしくは必要とされるサービス単位の総数。数量で表される。

解説

需要データの策定は、過去におけるサービスに対する需要のトレンド分析を内容とし、またサービスまたは活動から便益を得られるか参加する資格のある、顧客の全数を検討することを内容とする。

例

アクティビティ目的ステートメント：職業訓練活動の目的は、障がい者が職に就き、または最低6カ月は在職できるように、職業訓練及び指導を行うことである。

需要指標

職業訓練を求める個人の数。

重要な基準

・需要尺度はアクティビティのために策定されたアウトプット尺度に対応しているか？
・需要尺度はアクティビティ目的と整合しているか？

アウトプット尺度

定義

産出または顧客に提供された単位数。数量で表示する。

解説

アクティビティのアウトプット尺度は、アクティビティに含まれる全てのサービスを要約・表現する、単一の尺度であるべきである。

例

アクティビティ目的ステートメント：職業訓練活動の目的は、障がい者が職に就き、または最低

6カ月は在職できるように、職業訓練及び指導を行うことである。

アウトプット指標

職業訓練コースの参加者数

重要な基準

・アウトプットは努力を評価しているか？

・アウトプットは効率性尺度の算定に重要な貢献をしているか？

・アウトプット尺度はアクティビティ目的と整合しているか？

効率性尺度

定義

アウトプット単位当たりの平均活動コスト。金額で表示する。

解説

予算及び財務システムより算定されるものであり、アクティビティ・コスト全体を一定期間のアウトプットの総計で割ったものである。

例

アクティビティ目的ステートメント：職業訓練活動の目的は、障がい者が職に就き、または最低6カ月は在職できるように、職業訓練及び指導を行うことである。

効率性尺度：参加者の訓練時間当たりのコスト（アウトプットあたりのコスト）

重要な基準

・効率性尺度はアウトプット当たりのコストを決定しているか？

・効率性尺度は、このアクティビティにおける成果、アウトプットおよび需要尺度と対応または関連しているか？

・効率性尺度はアクティビティ目的と整合しているか？

成果尺度

定義

アクティビティであるサービスを受けた成果として、顧客が受ける影響または便益の尺度。パーセンテージもしくは比率で表示する。

解説

成果志向の予算編成のためには、少なくとも１つの成果尺度が常に需要を充たした割合として表示されなければならない。他のＭＦＲ成果尺度は、達成したいと考える影響または最終成果を検討するものとすることが出来る。

例

アクティビティ目的ステートメント：職業訓練活動の目的は、障がい者が職に就き、または最低

６カ月は在職できるように、職業訓練及び指導を行うことである。

成果尺度：職業訓練・指導の需要を充たしたパーセンテージ、訓練生のうち職業を得られたもの、もしくは６カ月以上在職出来たパーセンテージ。

重要な基準

・尺度が部門、ステークホルダー及び意思決定者に有用な情報を提供しているか？
・尺度がプロセスではなく、インパクトを評価しているか？
・成果尺度がアクティビティ目的ステートメントに述べられている成果と整合しているか？

アウトプット尺度が成果尺度と間違えられることがしばしばあることに、注意しなければなりません。成果は、プログラムがいかに効果的か、成功したかについて示すものです。アウトプットでは、単にサービスまたは製品の生産単位数がわかるのみであり、それだけではプログラムが効果的かどうかについて、経営管理層に知らせることは出来ません。プログラムがどれだけ機能したかということと、プログラムがどれだけ良く機能したかということは異なります。例えば、次のような例です。

アウトプット

　退院した患者数

成果

退院した患者が自立して生活している数
アウトプットと成果は同じではない。

アウトプット
ワクチン接種量

成果
病気の発生の減少率
アウトプットと成果は同じではない。

●重要な成果尺度の設定

マリコパ・カウンティのＭＦＲシステムでは、重要な成果尺度は、プログラムが達成することを期待されている全体の成果を測定し、プログラム（及び部門）がどれだけ良く機能しているかということを顧客・市民に伝達するものであると定義されます。それらは「重要」です。なぜならば、それらは以下の事項を反映します。

⑴ 何が顧客にとって最も重要なのか
⑵ 何が最も改善される必要があるものか
⑶ 規則、助成者、法律が求める要素

指標	定義	例
需要	サービスまたは製品が顧客によって求められた、または必要とされた数。数値で表される。	・職業訓練を要求する住民数 ・ビル検査申請書受付数 ・受理された購買注文数
アウトプット	顧客へ提供されたサービスまたは財。数値で表される。	・職業訓練コースの参加者数 ・完了したビル検査数 ・処理された購買注文数
効率性	アウトプット当たりの平均活動コスト。金額で表される。	・参加者ひとり当たりのコスト ・完了したビル検査1件当たりコスト (アウトプット当たりのコスト)
成果	顧客が活動から得たインパクトまたは便益。パーセンテージもしくは比率で表示。	・職業訓練・指導への需要を満たした割合 ・6カ月かそれ以上、訓練生が仕事を続けることが出来た割合 ・申請から3日以内に居住ビル検査が完了した割合 ・注文から30日以内に顧客が購入物を受け取った割合 ・許可証発行プロセスにおける顧客満足度

図 8.2　業績評価尺度のサンプル

望ましくは、重要な成果尺度は、プログラム目的ステートメントにおける最終成果・便益を反映するように策定されるべきです。しかしながら（例えば、データ収集に時間がかかる、または最終成果は部門のコントロールの範囲を超えたところにある、などにより）、最終成果はしばしば評価が困難であり、中間成果―最終の成果を期待させるような成果、しかしながらそれ自体は最終成果ではない―は同様に情報として役立ちます（図8・3の成果連鎖チャート参照）。

各プログラムの重要な成果尺度は、いかにプログラムが機能しているかを十分に写像することで、全てのアクティビティの構成要素に対する全ての成果を含み、または表わすべきです。また達成への進行状況の指標として戦略目的に遡ることができるよう関連づけられなければなりません。重要な成果尺度は、プログラムの最終成果または便益を確定するため経過追跡する場合や、または長期間にわたるプログラムの有効性を分析する場合に必要となる可能性があります。部門は長期における成果を達成することに向けた、業績分析のためのこれらの戦略尺度を策定し、追跡することが勧奨されます。

図8・3はインプット／アウトプットの測定から中間及び最終成果の評価へと移行するフローの例です。

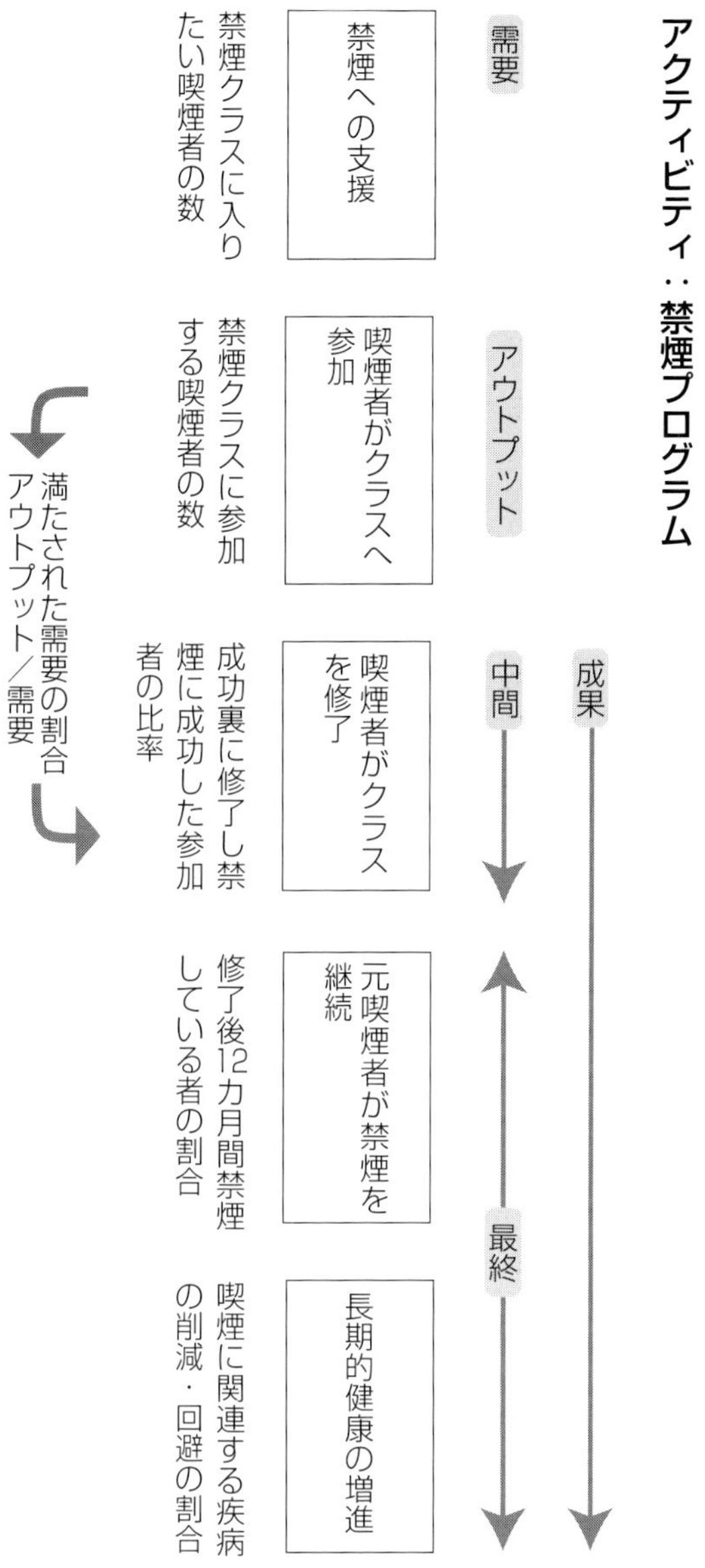
アクティビティ：禁煙プログラム
成果
需要
アウトプット
中間
最終
禁煙への支援
喫煙者がクラスへ参加
喫煙者がクラスを修了
元喫煙者が禁煙を継続
長期的健康の増進
禁煙クラスに入りたい喫煙者の数
禁煙クラスに参加する喫煙者の数
成功裏に修了し禁煙に成功した参加者の比率
修了後12カ月間禁煙している者の割合
喫煙に関連する疾病の削減・回避の割合
満たされた需要の割合
アウトプット／需要

図 8.3　成果連鎖チャート

重要な成果尺度を選定する際の最も重要な側面は、尺度を用いることによって、プログラムがどれだけ役割を果たしたかがわかることです。そうであるために、重要な成果尺度として優れているものは、以下の要素のうち最低1つについて答えを提供します。

品　質　顧客の期待通りにサービスを提供できた度合
例：基準を充たしたサービスのパーセンテージ

適時性　適切なアウトプットを産出するのに要した時間
例：48時間以内に処理された申請書の割合

有効性　部門、プログラム、またはアクティビティが、設定した目標を満たしている比率
例：禁煙クラスを修了した参加者がその後12か月間禁煙したパーセンテージ

正確性　正確性の度合、例えば、推計／予測、データ入力及び他の管理プロセス
例：初回で承認申請が正確に処理されたパーセンテージ

満足度　財、またはサービスに対する顧客満足度
例：「とても良い」または「素晴らしい」と顧客が評価した割合

選挙管理委員会の事例：選挙人登録プログラム

　プログラム目的ステートメント：選挙人登録プログラムの目的は、カウンティに居住する、資格のある市民に登録サービスを提供し、選挙を通じて自らの選好を容易に表明することができるようにすることである。

重要な成果尺度

・全ての有効な登録手続きが投票の期限に間に合った割合。（これは「市民が自らの選好を表明するための適時性及び機会の確保」を表す）

・選挙人登録プロセスに市民が満足した割合。（これは「選好を示すことができる機会の確保」への満足度を示す）

　重要な成果尺度を明確化し、報告する際に、各部門を支援するために、MFRチームはプログラムの重要な成果尺度の要約様式（別表D）を用いることによって、業績評価に直接関係のある全ての情報を記録する方法を開発しました。様式は各プログラムの重要な成果尺度別に完成されるべきであり、これによって、報告された尺度が正確かつ正当なものであるということを証明する内部監査部門による業績評価認定（ＰＭＣ）プログラムの要件の大部分を満たすのに役立ちます。様式は同様に他の業績尺度（需要、アウトプット、効率性）についても完成させることができます。

重要な基準に対する重要な成果尺度のチェック

□重要な成果尺度はプログラム目的ステートメント中の便益・成果に関連しているか？

□重要な成果尺度はプログラム（及び部門）がどれだけ機能しているかを市民に対して示しているか？

□この尺度について適切で信頼性のあるデータを集めることは可能か？

□重要な成果尺度は、品質、適時性、有効性、効率性、正確性、満足度を測るものになっているか？

重要な成果指標チェックシートは別表Ｃ５へ

業績尺度データ収集基準

業績測定がうまくいくか否かは、一般に認められたデータ収集基準に従って、完全にかつ正確に業績データを収集し、分析しているかによります。この基準にはデータ収集源、手法、計算が完全に文書化され、評価の定義に従うべきことを確実なものとすることを含んでいます。これは、評価及び報告成果の一貫性、有効性及び信頼性を確実にするのに役立ちます。

業績尺度データ収集を決定する前に問うべき3つの基本的質問事項は以下の通りです。

1　何を知りたいのか？
2　何が答えを与えてくれるのか？
3　答えを得るためにどのようにして情報を得るか？

データ収集の方法は、例外なく業績尺度の性質によって決定されます。例えば、各プログラムが「生産工程的」な環境で運用され、アウトプットと最終成果が容易に観察できるときには、定量的データ収集法が役に立ちます。プログラム・マネジャーが顧客指向のプログラムとサービスに関する情報を求めている場合は、しばしば定性的データがより重要となります。ほとんどの場合、定量的、定性的データの両方の組み合わせが用いられます。

定量的データ

定量的データとは、しばしば「ハード・データ」と言われ、インプット、アウトプット及び効率性を示すのに頻繁に用いられます。データ収集という目的において、定量的データは端的に数量─依頼人数、注文数、医学的検査の回数などです。このタイプのデータは多くの場合、簡易なチェックシートまたはスプレッドシートやデータベースなどからの自動化された手段により得ることが可能です。

定性的データ

定性的データは、しばしば「ソフト・データ」と表現されます。この情報は顧客の理解や経験に関連し、サービスの質や成果尺度のような業績尺度において頻繁に報告されるものです。定性的データは観察や顧客に対する調査、苦情数やそのタイプなど、さまざまな情報源から収集されます。

●データ収集戦略

正確で信頼性があり、適時なデータの収集を担保するために、部門はまず最初にデータ収集戦略を立てなければなりません。データ収集戦略及び図8・4に示されるようなデータ収集プロセスを実施できないと、信頼性のないデータが収集されることになります。

業績尺度データ収集戦略のステップは次の内容です。

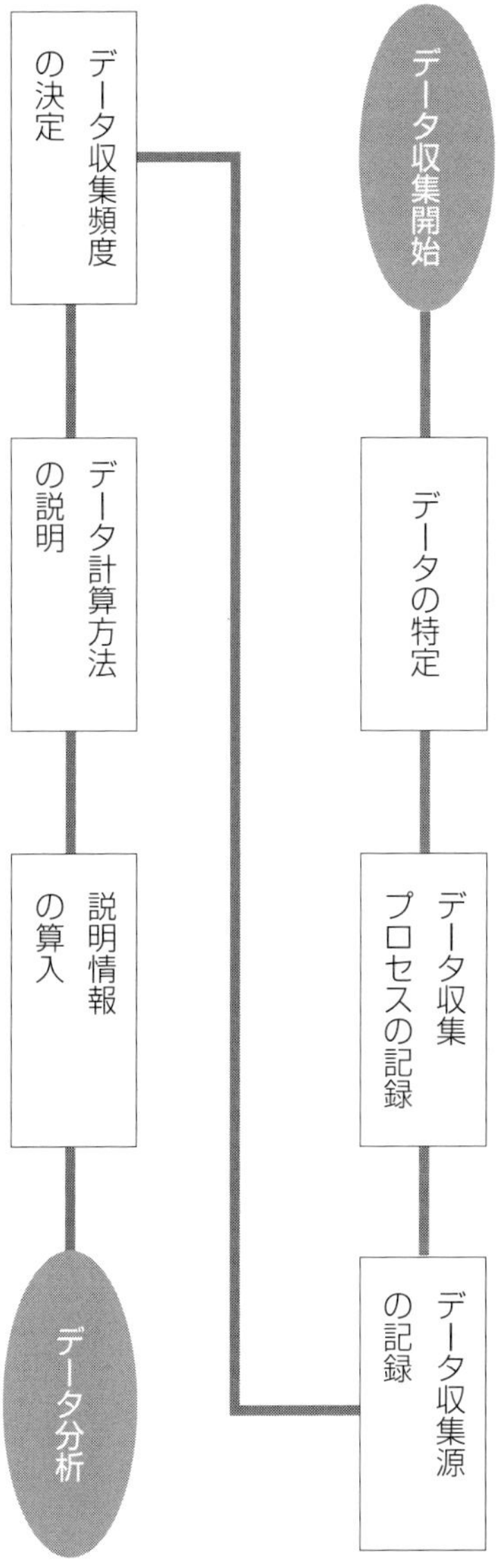

図 8.4　データ収集プロセス

・データの定義

データの定義は、報告システムに何を含め、何を除外するかということを識別するものとして、策定されなければならない。定義が明確かつ一貫性があることは不可欠である。

・プロセスの記録

最小限、データをどのように収集するかということを識別した概要文書を作成すべきである。データ収集ツールのいくつかは、以下にあげることを含まなければならない。

○日誌
○自動追跡システム
○電子計数器
○職員時間管理システム（People Soft）
○顧客調査
○職員満足度調査
○苦情追跡システム

・データ収集源の記録
　データが手書きの日誌、チェックシート、コンピュータ・データベース、調査、フォーカスグループのいずれから得られたものにせよ、データ収集源の詳細な記録を保持しておくことは重要である。このステップは首尾一貫性を保証する上で重要であり、同時に人事異動による担当者の変更、または業務分担の変更があっても、同じデータが収集されるようにする上で重要である。

・データ収集の頻度
　考慮しなければならない重要なポイントは、どれくらいの頻度でデータを収集するかである。データが頻繁に更新されればされるほど、現在の業務プロセス及び全体的な有効性を改善する機会が増加する。

・データの計算

計算表示は、データがどのように計算されたか、もしくは報告成果を導き出すのに、どのような方法が用いられたかについて、正確に解説されなければならない（例：ワクチン接種あたりのコストは、ワクチン接種にかかった総費用を、年間実施されるワクチン接種の数で除する）。

・説明的要素

背景及び手続き上の情報は全て、説明的要素として記録されなければならない。仮定条件は説明的要素に含まれるべきであり、同じくプログラム及び成果に影響を与える、組織のコントロールの範囲を超える全ての要素も含まれるべきである。

プログラムの重要な成果尺度の要約様式（別表D参照）はこのプロセスに従っており、データ収集プロセスの文書化について、追加的な手引となっています。

SECTION 9 ベンチマークと業績目標値の設定

この節のポイント

- ✓ ベンチマークとベストプラクティスの設定
- ✓ 業績目標値の設定

●ベンチマークとベストプラクティスの設定

ある組織が優れた業績をあげている組織であるかどうかを判断する一助として、同様のサービスを提供している他組織と適切な比較を行うことが重要です。たとえば、あるプログラムが、その組織自体における成果とこれまでのトレンドとの経年分析では優れた業績をあげている場合でも、他組織との比較によって、プログラムにどこまでの達成が可能かを理解する上での追加情報が提供されます。他組織が、同様のサービスを、より速く、より安く、そして、さらに重要な点として、よりよい成果を上げているかもしれないことがわかるのです。

ベンチマーキングとは、他組織、または同様のプロセスに対して、体系的に比較分析を行うことによって、より有効で、効率的な業績を達成するための、適切なベストプラクティスを識別することです。ベンチマーキングで、業績ギャップが識別でき、そしてそのギャップをなくすプロセスをつきとめることができます。それはまた、戦略目的の望ましい最終成果を決定づけるのに役立ちます。業績を評価するために使われる主なベンチマークは次の通りです。

・類似の組織単位または地域エリアの業績
・異なる作業量または顧客グループに対する成果
・一般に認められた基準
・他の自治体または民間企業の業績

ベンチマーキングの基本ステップは次の通りです。

1　改善されるべき作業プロセスまたは成果、経営慣行を識別する。
2　業務のやり方、プロセスのフローチャート、過去の業績を見直す。
3　ベンチマーキングの対象となり得る組織を識別する。
4　より優れた業績により明らかにされる差異を識別するためのベンチマーキング対象組織のプロセスを分析する。
5　ベストプラクティスへの適応と実行

6　監視及び修正

比較する自治体または組織を選定するとき、必ず顧客・人口特性、組織構成及び保有資源、技術力、規制環境などの、地域全体でベンチマーキング業績に影響を与える要因を検討しましょう。

カウンティ全体の戦略計画の場合、マリコパ・カウンティは、同様の他カウンティとその成果をベンチマークしています。これらのベンチマークを行う9つのカウンティは、同レベルの人口統計、経済水準、地域規模を基本に選定されています。

9つのカウンティは次の通りです。

◆Clark County, Nevada
◆Harris County, Texas
◆King County, Washington
◆Los Angeles County, California
◆Multnomah County, Oregon
◆Orange County, California
◆Salt Lake County, Utah
◆San Diego County, California

◆ Santa Clara County, California

組織が業績尺度及びベンチマークを決定すれば、次のステップは、選定されたそれぞれの尺度の基点データを決めることです。基点データは、データを取り始めた最初のデータか、または、将来の進展を評価するための比較点と現状が識別できる時点での具体的な数字です。

業績目標値の設定

適切なベンチマークを識別するための情報と基点データを確立するための情報を収集した後、次のステップは、業績目標値の設定です。業績目標値は、短期的なもの（年次予算書の提出で求められるもののように）である場合もあり、また、戦略目的の望ましい最終成果を表わすための長期的なものである場合もあります。

図9・1は業績目標値を設定するときに検討すべきいくつかの要因です。

適切な目標値設定は、適切な尺度の選択と同様に重要です。目標値は（経営陣の願望リストではなく）現実的なものであるべきですが、それでもやはり、プロセスの参加者にとって、挑戦的なものであることは重要です。

- 戦略目的で特定されている成果を考慮する。
- 顧客の要求または指示を考慮する。
- 以前の業績を考慮する。
- 連邦や州の法律によって義務づけられたような外部主体によって制定された具体的な達成水準または、解決策の水準を考慮する。
- もしも、最上のものに対するベンチマーキングの設定があまりにも高すぎるなら、すべての比較単位における平均業績を使用する。
- 過去の異なる顧客または異なる作業量に対する達成成果を考慮する。
- 他の自治体または民間企業で同様の活動・作業量・顧客構成をもつもので達成された業績を考慮する。
- 選定された目標値が、年間を通しての予算・職員配置計画に鑑みて実行可能なものであるかを確認する。
- 望ましい最終成果を達成するためにプログラムの能力に影響を与えるかもしれない内外の新しい動向を識別する。

図9.1　業績目標値の設定にあたって

業績目標値は次の点に留意して設定します。

・実現可能な現実的な変化の期待値を表わすべきである。
・顧客・ステークホルダーからのインプットを得た上で、アカウンタビリティを有する人々によって策定されるべきである。
・生産性を高めるべきである。
・経験に基づいて調整が行われるべきである。
・勤労意欲を高めるべきものであり、プログラム従事者の士気を阻害するものであってはならない。

業績目標値は、戦略目的を達成するために与えられた時間枠に基づいて短期及び2〜5年の長期の成果のために設定することができます。

成果指向の予算編成を行う上で、年次の目標値または予測が、年次予算提出時に策定されます。これらの予測は、図9・1で表わされた同様の要素に基づいているものですが、しかし、年間の目標値のようなより短期のフレームを有するものです。

第4章　成果指向の予算編成

SECTION 10 成果指向の予算編成

この節のポイント

✓ 成果指向の予算編成

● 成果指向の予算編成

戦略計画に成果指向の予算編成（ＢＦＲ）を統合することは、財源、政策、部門業務、そしてカウンティの職員、それぞれが成果の達成に方向付けられた統合マネジメントシステムの構築に極めて重要です。成果指向のマネジメントのために求められるのは、歳出及び特定のプログラムの歳入が、アクティビティ毎の成果及びアウトプットと整合的であることです。アクティビティレベルの予算編成は、カウンティによって提供された財・サービスの数量及び質の評価を検討するとともに、戦略目的と需要がどの程度達成できるのかという決定も考慮に入れなければなりません。

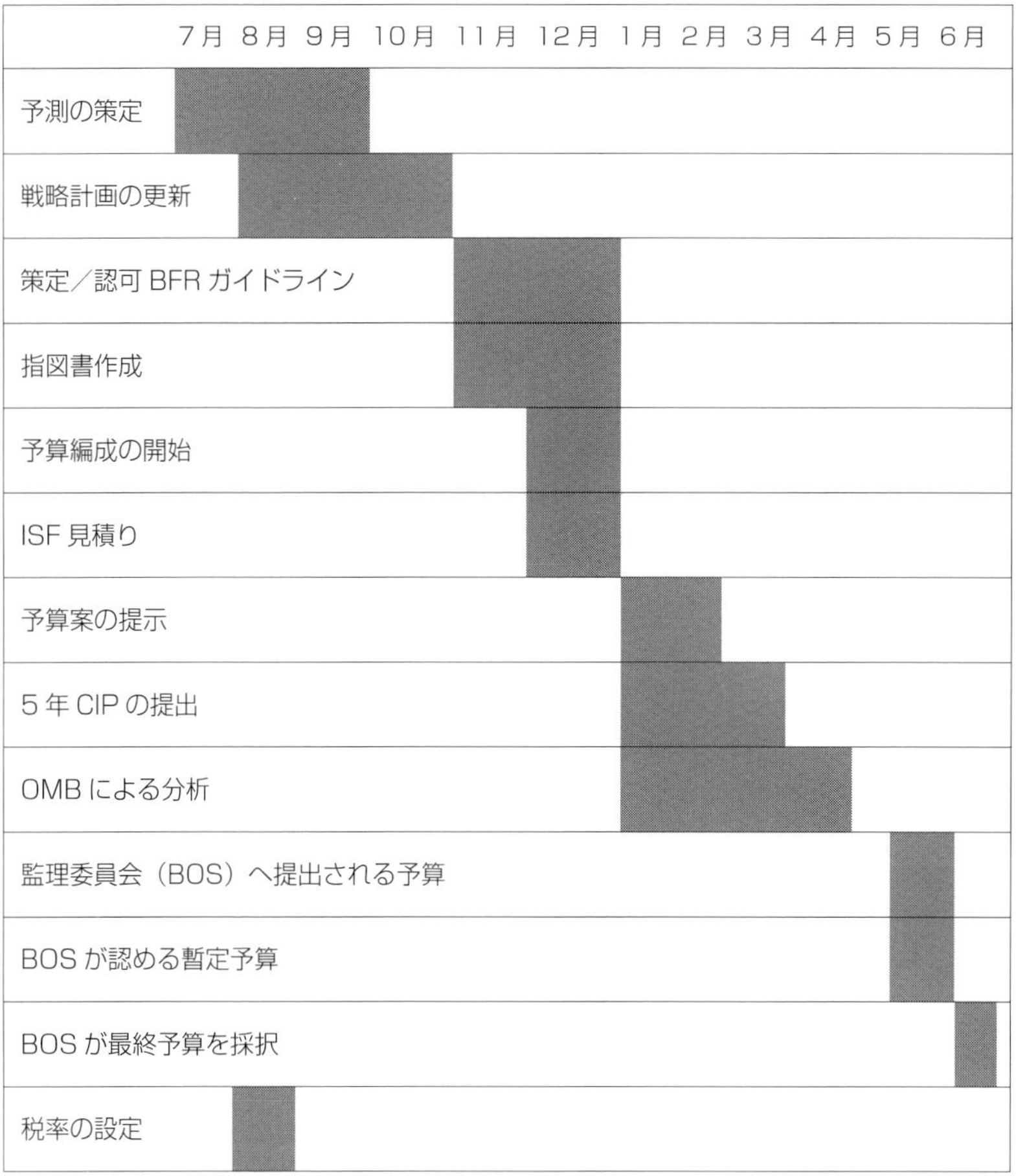

図 10.1　カウンティ予算の策定スケジュール

カウンティ全体の年次予算の策定プロセス

マリコパ・カウンティの会計年度は、アリゾナ州の会計年度と同様に7月1日から始まり翌年の6月30日で終了します。マリコパ・カウンティの予算プロセスは、計画―予算編成―評価のサイクルを形成しながら密接に戦略計画プロセスと連動しています。図10・1と用語の説明は基本的な予算プロセスの概略を示しています。これらの年表にはどうしても変更がつきものであることに留意が必要です。ＢＦＲガイドラインが採用され配布されるのと同時に、予算プロセスのための具体的な日数が示された詳細な予算日程表が毎年配布されます。

・予測の策定

ＯＭＢは、短期・長期の財政計画策定を支援する財政予測を策定する。当該予測は、現在の会計年度から始まる主要財源の歳入、歳出そして期末の資金残高を含んでいる。

・戦略計画の更新

部門は、戦略的（ミッション、ビジョン、目的など）と構造（プログラム、アクティビティ、サービスなど）、両要素が十分にそして正確に提供されるサービスを表示すること、及び、業績尺度が意味のあるものであることの両者を確実にするために、戦略計画を再検討する。この再検討は、次会計年度の準備段階において実施される。

・成果指向の予算編成（ＢＦＲ）ガイドライン［策定と承認］

ＯＭＢは、年次予算ガイドラインを策定して、監理委員会の承認を得る。同ガイドラインは、基本要求額、追加的資金の要請、資本プロジェクト予算、そして監理委員会の政策の遵守について、部門に指示するものである。

・指図書［作成］

ＯＭＢは、部門予算提出にむけて、予算の目標値と詳細な指図書を作成する。

・予算編成の開始

ＯＭＢが翌年度の予算ガイドラインを示す時点で行われる予算編成キックオフミーティングとともに、予算編成は公式に開始される。

・内部サービス資金のコスト（ＩＳＦ）見積もり［提出］

指定された内部サービス部門は、ＯＭＢへ翌会計年度のサービスコストの見積もりを提出する。この情報は、各部門が内部サービスを正確に予算化できるように、配布される。

・予算案の提示

部門は、ＯＭＢが提示した目標値と首尾一貫するような歳入と歳出の要求を行う。

・5年間の資本改善プログラム（ＣＩＰ）［提出］

資本構築に関与する部門は、プロジェクトごとの5カ年予算案を作成・提出し、部門の戦略計画にそのプロジェクトがいかに貢献するかを明らかにする。

・ＯＭＢによる分析

ＯＭＢは、利用可能な資源、監理委員会による優先順位、そして、各々の部門の戦略計画が明確化している業績に照らして、基本予算と成果主導の要求額（ＲＩＲＳ）を分析する。予算要求は、アウトプット単位のコスト、アウトプット対需要、そして、予測される成果の観点から分析される。

・監理委員会への予算の提示／監理委員会の暫定予算の採択

カウンティマネジャーは、監理委員会に暫定予算を示すとともに、歳入、歳出、及び全体構成における重大な変化を強調する。

・監理委員会による最終予算の採択

公聴会の間に、カウンティマネジャーは、予算採択のために、監理委員会に最終予算を提示する。

・税率の設定

監理委員会は適切な固定資産税率を設定する。

●成果指向の予算編成（ＢＦＲ）

ＯＭＢに再検討のために提出される予算案は、アクティビティレベルの歳入総額、歳出総額、需要、アウトプット、成果そして、単位当たりのコストを把握するために設計されたＢＦＲ様式を内容とします。この情報は、ＯＭＢの予算アナリスト（訳注４）によって、効率的に資源が活用されていること、サービスに要求される需要が充たされていること、そして、成果が維持改善されていることを確かめるためにレビューされます。ＯＭＢの予算アナリストが業績に関して分析する項目には、制限はありません

2005～06における成果指向の予算編成（BFR）分析表

アクティビティ名の記入［アクティビティ目的ステートメントの記入］

		2004～05の現状	2005～06に採用された	2005～06に修正された	変動修正／採用	変動率	2005～06間PROJの現状	変動PROJ/修正	変動率
需要： ［需要評価記入］		－	－	－		0.0%	－	－	0.0%
アウトプット： ［アウトプット評価記入］		－	－	－		0.0%	－	－	0.0%
効率性： ［効率性評価記入］		$ －	$ －	$ －	－	0.0%	$ －	$ －	0.0%
成果： ［成果評価記入］									
財源別総支出： 100－－一般財源 ｘｘｘ－財源名		$ － －	$ － －	$ － －	$ － －	0.0% 0.0%	$ － －	$ － －	0.0% 0.0%
	総計財源					0.0%			0.0%
変動量 （アウトプット単位の総計の変化による支出変動）： 06間修正／採用アウトプット変化ｘ06間修正効率性 06間PROJ／修正アウトプット変化ｘ06間PROJの現状効率性					$ －	0.0%		$ －	0.0%
変動率 （アウトプット単位ごとのコストの変化による支出変動）： 06間修正／採用効率性変化ｘ06間修正アウトプット 06間PROJ／修正効率性変化ｘ06間PROJの現状アウトプット					$ －	0.0%		$ －	0.0%

図10.2　BFR分析シートのサンプル

が、次のことを含みます。

需要

計画され、要求された需要は、過去のトレンドから判断して合理的ですか？　法制、職員配置数レベル、または需要に劇的に影響を及ぼすその他の要因に、何か変化はありますか？　もし、あるならば、予算編成において考慮されていますか？

アウトプット

計画され、要求されたアウトプットは、過去のトレンドから判断して合理的ですか？　法制、職員配置数レベル、または需要に劇的に影響を及ぼすその他の要因に関して、何か変化はありますか？　もし、あるならば、予算編成において考慮されていますか？

効率性

効率性の変動値は合理的ですか？　当該部門は、アウトプットレベルが上昇するにつれて規模の経済性を実現できる見込みですか？

成果

アウトプットと支出の変動、また最近のトレンドから判断して予測された成果は合理的ですか？　需要充足率は、１００％に等しいか、または、それに近く充たされていますか？　もし、その基本予算が需要予測を十分に充たす見込みがない場合に、どのような結果がもたらされますか？　免許、許可、サービス料金の請求、罰金または没収による独立採算の活動にとって、アウトプットの増加を促進するために料金を値上げするのが適当で、実現可能ですか？　もし、部門が5日で実現される需要の割合、または、誤りなしに充たされる需要の割合のように質的な指標として用いられる追加的な成果尺度を有する場合、成果は許容範囲にありますか（充たされた需要の割合に等しいかそれに近いですか）？

レビューが完了した時点で、ＯＭＢ予算アナリストは、その推薦する部門予算を予算システムに入力し、レビューと承認を得るための予算分析報告書を作成します。

監理委員会がその予算を採択し、新会計年度が始まると、部門は、定期的に業績尺度データの報告を求められます（133頁参照）。

成果指向の予算編成についてのより詳細な内容及びガイドラインについては、行政管理予算局のＥＢＣウエブサイトにある成果指向型の予算編成のマニュアルを参照するか、あなたの部門担当のＯＭＢ予算アナリストに連絡をしてください。

第5章　成果の創出

SECTION 11 戦略とアクションプランの実施

この節のポイント

- ✓ プログラムと予算の監視
- ✓ 年度中間時点における予測の作成

戦略計画や、計画に基づく年間予算を策定すると、これらのプロセスで設定された目的や目標を達成するのにアクションプランが必要です。

アクションプラン

アクションプランは、達成すべき明確な目標や、取るべきアクションのステップを概説し、誰が各ステップを成し遂げ、完了に向けて、いつ、そのステップを取り組むのかについて述べます。

アクションプランは、さまざまな理由から用いられるツールです。その理由というのは、戦略計画の実施を確実にするため（どのように目的が達成されるのか、尺度の目標値の実現に求められるステップをより詳細に描くなど）、特別なプロジェクトを遂行するため、あるいは改善のためのプロセスの一部だからです。

目標は、アクションプランの重要な側面です。それらは、目的を実現するために必要な明確な成果であり、アクションプランに焦点を提供します（図11・1を参照）。

次のプロセスはアクションプランを策定し管理するための1つの方法です。

1　特定の目標を決定する
2　目標を達成するための行動のステップを詳しく述べる
3　アクションプランを完了する期限を設定する
4　アクションプランとそれを実行し完了するために必要な資源と財政的影響を決定する
5　アクションプランの実施責任を割り当てる
6　実施状況を定期的に確認し、成果を見直す

アクションプランの作業様式は別表Hに示しています。

Specific　特定性

目標は、強く望まれる特定の成果を示すべきであり、それらを達成する方法ではない。目標は、特定の戦略を産み出すべきであり、他者に明確な方向を与え、十分に理解できるほど詳細に述べられるべきである。達成すべき目的を明確に示すべきである。

Measurable　測定可能性

目標はいつ実現されるのか決定できるよう測定可能でなければならない。目標の測定方法は、アクションプランが実施される前に設定されなければならない。

Aggressive but attainable　挑戦的かつ達成可能

もし目標が達成の基準であるべきであれば、それらは挑戦的であるべきだが、不可能な要求であるべきではない。また、目標は、戦略目的や利用可能な資源と調和が図られるべきである。

Result-oriented　成果指向性

目標は短期的な成果を特定すべきである。たとえば、60日以内に予算制約内で事務事業の20％を完了する、というものである。

Time-bound　期限を明示

目標の実現にとって合理的な期限、数日から数カ月まで、を明示する。

図 11.1　SMART目標

プログラムと予算の監視

測定データや他の情報について年間を通してレビューすることが重要なのは、そのプログラムの要件が充たされていること、サービス提供は効果的に行われていること、歳入予算と歳出予算が部門計画に見合ったものであることを確保するためです。

プログラムと予算の監視は、次のことを内容とします。

・業務運営が効果的かつ効率的かを確認すること
・効果的な日次の計画、スケジューリング、職員と部門の資源を管理し利用することに焦点を当てる
・サービスに対する期待値を充たす経営情報システムと他の機能の活用

年度中間時点における予測の作成

年度中間時点の予測

年度中間時点の予測数値は次のように決定されます。まず、予想年度の各成果尺度を見直し、次に当該年度の累計業績と比較し、さらには累計実績に基づく年度末の業績水準及び会計年度の下半期において業績に影響を及ぼすような他の要因とともに見積もります。

解説

年度中間予測のＭＦＲデータベースにおけるデータ範囲は、第２四半期の成果報告期間に入力します。半期予測は、上半期の業績に基づいて年度末の成果を予測するために用いられます。予算策定プロセスの間、部門は尺度に対し予測される目標値を提出します。上半期では、データは、予想される目標値が達成できるかどうかを決定するため、注意深く分析され、レビューされなければなりません。年度中間予測は、次の３つの最終成果の１つを提示します。

(1)アクティビティは、年間目標値の達成に向けて進捗していること
(2)当初予測された目標に達していないこと
(3)目標値を超えていること

これらの３つです。この情報は、年度中間予測に基づいて、必要な業務変更または調整を行うために、経営陣によって用いられます。

●年度中間予測を決定するステップ

１　各尺度について予想される年度末目標値の再検討
２　前年の業績や年度末目標値との比較における中間時点業績の分析

目標No.1：　2007年6月までに、顧客の期待値を達成するため、平均7営業日から5営業日に申請処理の適時性を向上する

目的 1.1：　2006年12月までに、申請を受け付けるAタイプの新しい登録サイトを開設する

行動計画 1.1.1：新しい事務スペースを確保するため、施設担当と協働する

班長：　ジョン・ブラウネル

担当者：　メアリー・ミラー、ロバート・ガルシア、ケリー・オドネル、ゲリー・シュミット

行動ステップ	責任者	目標期限	現状
1　スペース計画を話し合うため、施設担当部長との会議を調整	メアリー	2006年6月10日	完了
2　スペースの要望を明確にし、施設を提供する	ロバート、ケリー	2006年6月30日	7月15日に遅延
3　施設担当から利用可能なスペースの別候補と経費のリストを受け取る	全員	2006年7月15日	7月30日に遅延

図 11.2　行動計画の作業様式（例）

年度中間予測の作成

	半期 2004年 7月〜 12月	半期 2005年 7月〜 12月	差異	年度計画	年度中間予測
課題とされた貯水池設置許可件数	10000	15000	+5000	25000	30000

カウンティにおける建築設置活動の増加は年間を通じて期待されている。

過去の動向データに基づき、担当部署では上半期と下半期でほぼ同数の申請を見込んでいる。

成果として、30000件の申請許可が予想される。

図 11.3　年度中間予測の作成

ⓐ　前年の同時期と比べてどうか

ⓑ　上半期の6カ月間で、成果に影響する新しい、または異なる要因があるか（資源の変動、需要の増減、サービスの供給や利用可能性の変化など）

ⓒ　それらの要因はその年の下半期の6カ月間の業績に継続して影響するか

3　利用可能なデータと分析の活用、年度中間予測に取り組む

4　必要に応じて業務上のアクションをとり、年度中間予測を決める

事例

貯水池設置許可（訳注5）の事例。需要尺度は、貯水池設置許可申請数である。四半期における第1四半期と第4四半期（夏と春）が最大の許可申請数で、年度の前半と後半ほぼ同数の申請がある。

この年の予想目標は２万５０００件で昨年の５０００件以上の増加である。半期で、１万５０００件申請があり、昨年の同時期では１万件だった。増加はカウンティの建築設置活動の動向と一貫しており、１年を通じて継続することが期待される。過去の動向データに基づき、担当部署では年の後半も同数の申請があると予測している。成果として、貯水池設置許可申請の年度中間予測では３万件を設定した。

SECTION 12 データ収集

この節のポイント

- ✓ 顧客満足度データ
- ✓ 職員意識調査

業績データを収集、分析する目的は、カウンティの意思決定権者に、部門がどのようにサービスを提供し、目的を達成しようとしているかについての情報を提供することです。各業績尺度に対する包括的なデータ収集戦略の決定は、アクションプランの実施を確保するための正確かつ信頼ある情報が収集、報告される前に行われなければなりません。データ収集は、戦略に明らかにされた頻度に基づき、適時増加します。

顧客満足度データ

カウンティ政府が提供するサービスの質及びコスト有効性について、市民満足度を高めることは、各部門に関わる監理委員会の戦略的な優先事項であるため、サービスの質と顧客満足の評価に関する情報

追跡調査のための典型的なサービスの品質特性

・サービス提供の適時性
・サービスへのアクセスのしやすさと利便性
・立地の便利さ
・業務時間の利便性
・顧客がサービスを必要とするときの職員の対応可能性（電話による場合、対面の場合）
・顧客がサービスを求める際の手続きなどの支援の正確さ
・サービスが提供されるときの丁重さ
・どのサービスをどのように得られるかについての潜在的な利用者に対する情報提供の適切さ
・顧客が利用する施設の状態と安全性
・サービス提供の個別の特性に対する顧客満足度
・サービス全体に対する顧客満足度

図 12.1　サービスの品質特性

の収集方法を理解することは重要です。

顧客の部門に対する意見は、サービスの最終成果及びサービスを受けるプロセスの両方に基づいています。サービス品質に関する特性の多くは、顧客満足度をサービス提供そのもので追跡調査できるものとして使うことができます。

適時性やアクセスのしやすさ、満足度のようなサービスの質に関する顧客データを収集することによって、顧客サービスの改善やプロセス改善の必要があるという意思決定が導かれます。

顧客調査の実施

顧客満足度の調査には、クレームの記録や顧客への直接調査を含め、さまざまな方法が利用できます。アンケートは2つの選択肢、すなわち、対象者個々へのアンケートか一部のサンプリング、たいていは標準化された調査方法により、メール、電話、個人インタビュー、インターネット経由によるもので、特定の母集団についての情報収集です。図12・2は、顧客調査から得られる情報の例を提供しています。

毎年、マリコパ・カウンティの調査報告部門は、カウンティの特定のサービスに関する一般的なフィードバックを得る「一般市民満足度調査」を実施しています。調査結果はＭＦＲウェブサイトで閲覧できます。各部門レベルでの顧客満足度調査を行いたい場合や、一般調査結果の詳細については、調査報告部門（訳注6）にお問い合わせください。

顧客調査から得られる情報

1　サービスを受ける前と後の顧客の状況と態度ならびにサービスの成果
2　プログラムサービスを受けた後の顧客の行動及び態様
3　サービスに対する全般的な満足
4　特定のサービス品質に対するランク付け
5　サービス利用の程度
6　サービスの認知度の程度
7　サービスの利用に対する不満足または未利用の理由
8　サービス改善に対する提案
9　顧客の人口統計情報

図12.2　サービスの品質特性

職員意識調査

毎年、調査報告部門では職員意識調査を実施しています。その目的は次の通りです。

- ・カウンティの現行及び新規の政策と手続に対する職員の認識を評価する
- ・マリコパ・カウンティの環境、文化の変革に直接に貢献する機会を職員に提供する
- ・カウンティの組織有効性を高めることを目的とした行動プロセスを定着させる
- ・職員の仕事に対する満足度の現行レベルを測定する
- ・職員と経営管理層の双方向のコミュニケーションを促進する

部門の調査は年間を通じて実施されています。データ収集の方法論についてさらに情報を求める方は、調査報告部までご連絡ください。

第6章　分析と成果報告

SECTION 13 成果の検証とその記録

この節のポイント

- ✓ 成果の検証
- ✓ 成果の記録

業績測定におけるデータ分析は、未加工のデータを業績情報と知見とに変換するプロセスです。何が起こったかについて適切な仮説形成と一般化ができるようにデータを収集し、報告します。部門が最も有効な戦略を選び、評価の対象を著しく改善するために、データの分析は、どのような要因が現在の成果をもたらしているかを理解する上で極めて重要です。

成果の検証

カウンティのリーダー、部門・プログラムのマネジャー、予算担当者、その他の意思決定者にとって、適切な意思決定を行うためには、正確で信頼し得る業績尺度とその成果の報告が必要です。分析の前に、報告された成果が正確で信頼できるものであることを確認するため、それらを検証することが必要です。信頼性は、同じ情報を与えられたときに誰でも同じ結果を再現することができるかどうかにより決定されます。データを信頼できるものとするためには、次のことを確実に行うことが必要です。

・どんな情報が収集されたかを明確に定義する
・データの収集手続を、計算方法を含めて文書化する
・正確性と完全性のためにデータをクロスチェックする

業績尺度認定（PMC）プログラム

マリコパ・カウンティにおけるMFRプログラムの開始時から、カウンティのリーダーは、プログラムに対する市民の信頼を得るためには、業績情報を検証する正規の手続きの必要性を認識していました。カウンティは、業績尺度認定（PMC）プログラムを業績尺度や成果報告を検証する方法として採用しました。PMCプログラムにおいては、マリコパ・カウンティの内部監査部門がプログラムの重要な成果尺度を再検討し、尺度を認定し、調査結果を報告します。この認定プログラムにより、カウンティのリーダーは政策決定や資源配分を、報告された業績指標を頼りに判断することが可能となります。

公会計基準審議会（GASB）はマリコパ・カウンティの内部監査部門による認定プログラムを、業績尺度の監査において特に優秀な〝ゴールド・スタンダード〟であると認定しています。

内部監査機関は、業績尺度認定の監査を行うために、年４回講座を実施します。

区分	定義
認定（受入可）	報告された測定は正確である（±５%） かつ業績データの収集と報告に適切なプロセスが採られている
留保付認定（受入可）	報告された業績測定は正確である（±５%） しかし業績データの収集と報告に適切なプロセスが採られていない
認定外	実績と報告されたものとの誤差が５%以上 不適切なプロセスと不十分な証拠書類のために実際の業績を実証することができない 実際の業績測定データは正確に計算されているが、ＭＦＲデータベースに継続的に記録されていない。

図 13.1　業績尺度認定の区分

成果の記録

各部門は、業績評価データをＭＦＲオンラインデータベースによって報告します。このプロセスは、目的達成への進捗状況を明らかにし、また業績尺度データが完全であることを確認する上で、効率的かつタイムリーなものです。

このデータベースは、第1四半期の尺度と尺度へ向けた進捗状況を報告するために、各四半期に4週間ずつ稼動しています。第2四半期の報告期間には、年度中間時点での業績予想が入力されます（年度中間時点での予測については121頁を参照）。

ＯＭＢの予算アナリストは、部門の4半期ごとのＭＦＲで使用する尺度について調査分析を行い、完全性と合理性が担保されているかどうかを確認しています。アナリストは、部門の戦略目的もチェックし、業績の向上が見られているかを確認しています。ＯＭＢ予算アナリストが四半期ごとの調査分析に使うチェックシートのサンプルは、別表Ｅを参照ください。

四半期ごとのウェブ・ベースの報告により、業績データは個々の部門ごとに確認することができます。各部門は他のカウンティの当該部門との業績の比較を、このデータを使って行うことができます。それぞれの部門の戦略計画は、四半期ごとの業績評価データとともに http://www.maricopa.gov/mfr で見ることができます。

SECTION 14 データ分析

この節のポイント

- ✓ データ分析の技法
- ✓ 顧客満足度調査の分析
- ✓ 職員満足度調査の分析

データは、解決策を得るために、またカウンティの意思決定者にある部門がどの程度よく機能し、その目的を達成しているかについての情報を提供するために、収集され、分析されます。分析された業績測定データは、組織内のプロセスを改善し、戦略を成功裡に行動に結びつけることに役立ちます。

● データ分析の技法

記述的分析

業績情報はプログラムやサービスの最新の状況を定量化し、記述します。そしてそれは、そのプログラムやサービスがどのように展開されてきたのかを明らかにすることができます。記述的分析においては、時系列の変化を分析するために、過去からの成果の図表化が行われます。

比較分析

比較によって、マネジャーは成果データを解釈するきっかけとなる情報を得ることができます。比較には次のようないくつかの類型があります。

・最近の成果と過去のそれとの比較
・成果と目標値との比較
・顧客やサービスの特性ごとの成果の比較
・ベンチマークに対する成果の比較

要素分析

成果を分析するとき、全体の成果というものは、ある特定の顧客集団やサービス領域に生じうる諸問題を覆い隠すかもしれないということを考慮することは重要です。これらの諸問題は、個別の顧客の情報やサービスの特性によって識別することができます。

・顧客の単位が個人である場合には、それは、年齢、性別、人種・民族、所得、教育などの人口統計的な特性に基づいて区別できます。

比較分析の見本：動物シェルター（収容施設）

	2002年 10月～12月	2003年 10月～12月	差異
収容施設に保護されている30日以内に新しい飼い主が見つかった犬の割合	75%	92%	+17%
収容施設に保護されている30日以内に新しい飼い主が見つかった猫の割合	66%	52%	-14%
新しい飼い主が見つかったのちに飼われている動物の割合	92%	99%	+7%
里親探しサービスに対して、ある程度またはとても満足している顧客の割合	95%	95%	0
期間内に新しい飼い主が見つかった犬や猫の合計	96	88	-8
収容施設は、犬に新しい飼い主をみつける期間の短縮や返却される動物数の縮減に成功している。	猫に新しい飼い主を見つけるまでの期間は延びている。収容施設がこれらの成果を改善できるのかどうかを知るために、このことは検討されなければならない。犬に新しい飼い主を見つけるまでの期間を減らすための諸活動の中に、猫が新しい飼い主を見つけるためにも役立つものはないだろうか？		

＊この事例は単に説明のためのものであり、カウンティの現行の部門を示したものではありません。

図14.1　（説明図、出典：The Urban Institute）

・もし顧客が企業単位であるのなら、それは、業種、規模、所在地によって区別できます。
・多様な内部サービスの特性に関しては、供給されたサービス量、そのサービスが供給された所在地／事務所／施設、プログラム／研修の内容、あるいはそのサービスを供給する特定の職員によって区別できます。

因果関係分析

因果関係分析により、その成果に貢献したか、または原因となったかもしれない諸要因の識別ができます。ある成果とその根源的な原因との関連性を理解することによって、業績改善のための具体的な行動へと導くことができます。因果関係分析は、統計的な回帰分析やフィッシュボーン図の作成、あるいはビジネスプロセスのフローチャートの作成によって行われます。

顧客満足度調査の分析

顧客満足度調査の結果は、顧客へのサービスを改善し、成果を向上させ、そして組織目的を達成するための機会がどこにあるかを識別するためのデータや情報を組織に提供します。調査データを検討する際には、以下の問いに留意するようにしてください。

現在の状況はどのようなものか？　次の諸点についてデータが意味していることは何か？

- 現在の顧客満足度
- 満足度の高い領域と低い領域
- トレンド―時系列で回答がどのように変化しているのか
- 類似性／矛盾―調査データは、品質、正確性、適時性などの点で内部の実態と一致するか？　それとも矛盾するか？

望ましい状況とはどのようなものか？

- 調査で評価された各構成要素に対して、どの程度の満足水準を求めるのか？

現実と望ましい状況とのギャップの大きさと特性は？

- 現況と望ましい状況との間にギャップはあるか？（あるとするのなら、それはどの程度か？）

どのような要素が望ましい状況を促進しているのか？　そして、どのような要素が阻害要因となっているのか？

- どのような要因が現在の状況に貢献しているのか？

これらの問いに答えることで診断ができます。その診断によって、以下の諸要素からなる問題と機会が識別できるはずです。

- 望ましい状態の明瞭な姿
- 現在起きていることに関する正確な理解
- ギャップの評価（問題または機会）
- 何が促進要因で、何が阻害要因となるかに関する認識

調査データを利用するとき、調査結果はプログラムやサービスに関する情報のある一面を反映したものにすぎないということに留意することが重要です。行動や解決法の決定は、異なる次元から、業務上の、財務上の、そして診断的な業績データをあわせて考慮に入れて行われるべきです。そのことによって、組織は、問題や機会が正確に定義され、可能な解決策の識別や実施に取り組む前に慎重に考慮されるようなかたちで、より公式化された問題解決あるいはプロセス改善のアプローチを実施することができます。

調査データの説明ワークシートは別表Fにあります。

職員満足度調査の分析

マリコパ・カウンティは、優秀な人材を維持することを重視し、一貫してこれをカウンティ全体の最

優先事項としています。職員満足度は、ＭＦＲの重要な一部分です。なぜなら、そうすることが組織有効性の人的な側面の検討につながり、戦略的な視座からは、それが、部門の経営状態についての指標であり、そして部門全体の業績に直接に関連しているからです。

職員満足度調査から成果を解釈する

あなたの部門の報告データを用いるとき、あなたは「満足」と「不満足」のパターンの理由を前もって考え、カテゴリー内やカテゴリー間の関係性を調査することができます。いくつかの基本的な質問が解釈に役立ちます。

・回答結果が、経営管理層または業務部門がすでに注意を向け、対処をしている領域と、どう関係しているのか？　それらの取り組みは効果的であるのか、あるいはプラスの成果を与えているのか？
・目下検討されているプロセスにおいて何が起きているのかを理解するために、職員からより多くの情報を必要としている領域はどこか？
・回答の中に重大な矛盾はあるか？　その矛盾を解決するためには、どのような追加情報が必要とされるか？
・結論として、回答結果はあなたの職場について何を明らかにするのか？

調査データの説明ワークシートは、顧客満足度調査と職員満足度調査の成果の両者の分析に用いることができます。写しが別表Fにあります。

以前のカウンティ全体の職員満足度調査の結果の写しはＥＢＣにおけるＭＦＲのウェブサイトで見ることができます。

もし調査に関して何か質問がある場合には調査・報告部門に連絡ください。自部門の職員満足度調査の結果について疑問のある場合は、調査・報告部門またはＭＦＲチームまで連絡してください。

職員満足度調査の成果を継続的な改善に利用する事例

カウンティのある部門が、最近の職員満足度調査の結果を検討するワーキング・チームを設置しました。このチームはいくつかのサブグループに分かれ、得点が低かった項目の根本的な原因を理解するための、追加的なデータ収集や調査を実施しました。得点の低かった項目は、コミュニケーションや業績評価の取り扱い方法の一貫性でした。それからワーキング・チームは改善のための勧告を模索し、そして、経営管理層にその勧告を提示しました。経営管理層はその提案を十分に検討し、それぞれの勧告に対して書面で回答し、また職員総会において発表しました。職員総会での議論に基づいて、カウンティの部門は、重大な問題に取組むための行動計画を発案しました。すべての勧告が採用されたわけではありませんが、従業員たちは彼らのアイディアが検討され、意見を聞いてもらえたことに満足しました。

調査結果の評価と行動をとったことの成果として、次の職員調査においては重大な問題—コミュニケーション、マネジメントの実践、その他—と関連する設問の得点は改善されました。たとえば「調査結果は状態の改善に利用されている」という設問に対して、得点（2—8の尺度、8が最も高い）は5・5から6・35へと増えました。「調査結果は部門をより良くするために利用されている」という設問に対して、得点は5・75から6・48へと増え

図 14.2　従業員意識調査の成果利用

ました。そして「アクション・プランは問題に取組むために利用されている」という設問に対して、得点は5・75から6・80に増えました。

SECTION 15　成果の伝達

この節のポイント

- ✓ 計画の伝達
- ✓ 成果の提示

●計画の伝達

　戦略計画が成功するか否かは、業績尺度や目標値を内容とする計画の諸要素を効果的に伝達できるかどうかに依存しています。内部的には、戦略計画は組織のすべてのレベルが参画して策定されるべきです。マネジャー及び職員は、計画やその中でのそれぞれの役割について明確に理解することを求められます。計画は、それが広く理解され受容されていないなら、意味をもちません。それは、組織の日々の行動の基礎とならなければなりません。計画に精通している職員は、進捗を管理するために用いられている尺度を的確に理解しています。そしてまた、彼らは個々人の業績が組織全体のより良い成果の実現に貢献することをより良く理解しています。

計画を伝達する際には、以下の点に配慮してください。

・スタッフ・ミーティングで計画について語る
・プログラムマネジャーに計画全体のコピーを配布する
・計画の内容をすべての職員と共有するため、計画の要約パンフレットを作成する
・目立つ場所にミッション・ステートメントと戦略目的を掲示する
・計画の目標や目的に関する進捗を、職員の会議、ニューズレター、その他の組織のイベントで再確認する

成果の提示

業績情報を有用なものにするためには提示の仕方が重要です。いったん目的が設定され、また、目的に到達したのかどうかを評価するためにデータが集められ分析されたなら、各部門はその情報を職員と市民の両者に対して伝達しなければなりません。部門の戦略計画（成果を含む）は、カウンティのウェブサイトを通じて公表されます。また各部門は、より入手しやすく、より関心の高い追加情報を利害関係者や職員に公表することもできます。定期的かつ継続的な成果の伝達は、良好な関係を維持すると共に、部門のプログラムに対する理解や支持を生み出すために不可欠です。

スコアカード／スコアボードの作成

スコアカードあるいはスコアボードは、部門戦略の目的や計画に関連する業績のある期間のスナップショットを示す1つの方法です。スコアカードはさまざまな形態をとることができます—円グラフ、線グラフ、棒グラフ、図表です。どの方法を採用するかは、尺度の性質及びその組織がどのような情報を報告しているかによります。優れたスコアカードには、次のような特徴があります。

・使いやすさ—すべての職員（または顧客）がそれを頻繁に見ることができるところにある
・見やすさ—すべての重要成果尺度が一覧でき、興味の湧く方法で示されている
・魅力—注意をひきつける
・実行可能性—簡単に使用できる
・簡潔さ—「どのような状態から」「どこへ」「いつまでに」「目的」を含んでいる

一般的に、スコアカード／スコアボードは、目的、重要成果尺度、最近の成果、目標となる成果、目的達成スケジュールを含むべきです。

私たちは申請処理の時間を改善している !!

目的：2007 年 3 月 31 日までに、顧客満足を高めるために、3 営業日以内に処理した申請のパーセンテージを 80%から 90%に向上させる。

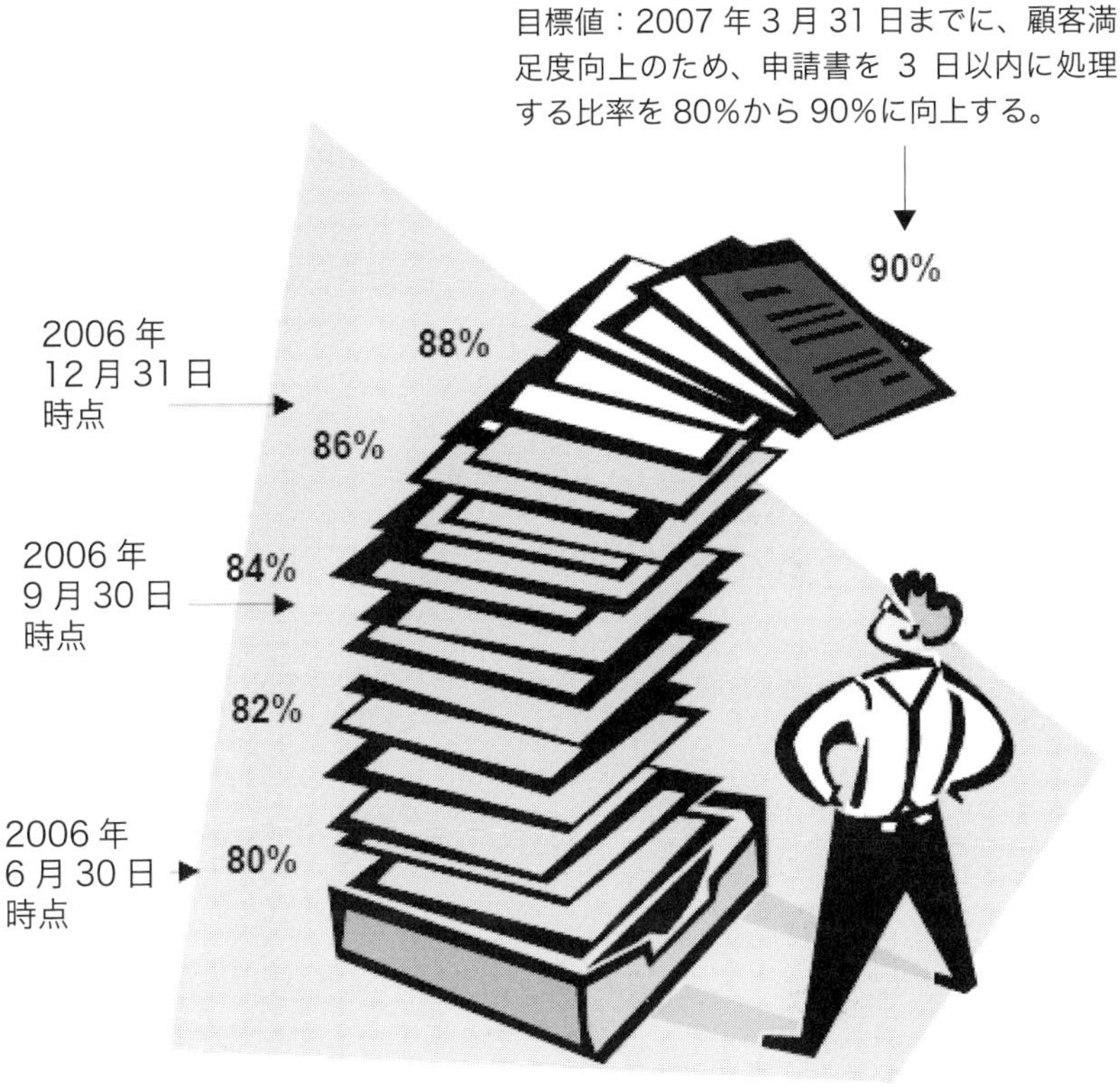

図表 15.1　業績評価スコアカード

第7章　成果の評価と改善

SECTION 16 業績情報の利用

この節のポイント

- ✓ 業績情報の利用
- ✓ 組織業績の比較

業績情報を収集することによる効果は、個人がそれらを実際に業務で使用することによって初めて発揮されます。業績情報には、多くの活用方法があります。部門は政策の業績情報を、戦略や計画・予算の編成、優先順位の識別、そして将来の政策に影響を与えるような資源配分決定に使用することができます。マネジャーは業績情報を、期待通り、またはそれを超えた業績を残した個人や組織を報奨するためにも用いることができます。最後に、マネジャーはプログラム実施の効果的なアプローチを発見するために業績情報を利用し、部門内により広くそれらのアプローチを共有することができます。

●業績情報の利用

何がうまく機能し何がうまく機能していないか

1　留意すべき分野を識別する

2　配慮すべき顧客グループを識別する

3　改善が必要なサービスの手続きや政策を識別する

4　サービス提供の改善余地を識別する

スタッフを動機づけ、成功をともに祝う

5　プログラムの成果を伝達する

6　プログラムを定期的に再検討する

7　研修や技術的支援ニーズを識別する

8　成果に積極的に貢献したスタッフを識別する

その他の内部利用法

9　成功事例を識別する

10　プログラムの変更や新規プログラムのテスト

11　計画や予算編成の支援

他の組織及び外部への報告

12　各種委員会構成員や各種アドバイザーグループへの情報提供
13　地域社会への情報提供

●組織業績の比較

各部門は、プログラム・政策の改善、またはそれらの変更が必要か否かを決定するために、設定した目標値やベンチマークを定期的に比較します。

図16・1は、目標値に対して改善が必要か、またはさらなる分析が必要かを決定するための、業績比較の例を示しています。

実績と目標値との比較の例：地域芸術センターの報告書

	実績 2004年 10-12月	目標値 2004年 10-12月	実績と 目標値と の差異	備考
期間中の新会員数	100	250	-150	
登録を更新した 会員数	86%	90%	-4%	期間中 200 人 の会員が更新
センターの展示 などの質に対す る会員の満足度	88%	85%	+3%	113の調査の 回答に基づく
センターの展示な どの種類に対する 会員の満足度	90%	85%	+5%	113の調査の 回答に基づく

プログラムは好業績をあげていて、会員の満足度は維持されているものの、新会員を獲得するまでには至っていない。このことは、他のタイプの展示などが新しいメンバーを引き付け得るか、またはニーズ把握のための調査の方法は適切であるか、検証が必要であることを示唆している。また、この目標が実際に、現実的であるか否かを調べてみることも有用である。

出典：都市局（2004）「成果情報の分析：最大限のデータ活用」

図 16.1　（記載例；出典：都市局）

SECTION 17 プログラム・プロセス評価

この節のポイント

- ✔ 体系的プロセスの改善手順
- ✔ プログラム評価

業績情報がカウンティ及びその部門のリーダーシップにプログラムの有効性及び効率性に関して何を伝えているかを全体として評価することによって、業績が向上します。プログラム及びプロセスの評価は、一貫性及び重点対応を確保するために体系的な環境において実施されるべきです。

●体系的プロセスの改善

体系的プロセスの改善は、部門が好業績をあげ、効率的で質の高い成果を保証するために用いられるツールです。顧客にとって重要なプロセスがうまく機能していないことを示すデータを部門が持っているとき、部門にはそのプロセスを改善する責任があります。そのプロセスが外部顧客、内部顧客、もしくはその双方に関係するかに応じて、市民満足度、職員満足度の向上が生み出されます。顧客及び職員満足度の向上は、カウンティの戦略計画及びカウンティマネジャーのプロセス改善計画と密接に関係します。

部門がプロセスを識別し、選択し、改善するために用いるさまざまな体系的方法があります。これらのプロセス改善モデルは、プロセスがデータに基づき選択され、また図17・1のような体系的方法が、プロジェクト改善及び成果評価に当たって準拠されることを強調します。

ＭＦＲチームはプロセス改善に関する講座を提供しています。

プロセス改善運営委員会

プロセス改善運営委員会はプロセス改善計画の成功を確実にするために設けられました。委員会のメンバーは、カウンティ政府のプロセス改善プロジェクトの推進と普及を支援します。委員会は以下の項目に責任を負います。

・提案されたプロセスの改善プロジェクトのレビュー
・プロセス改善チームへのガイダンスとサポートの提供
・チームの進捗度と成果の定期的なレビュー
・チームの取り組みの表彰

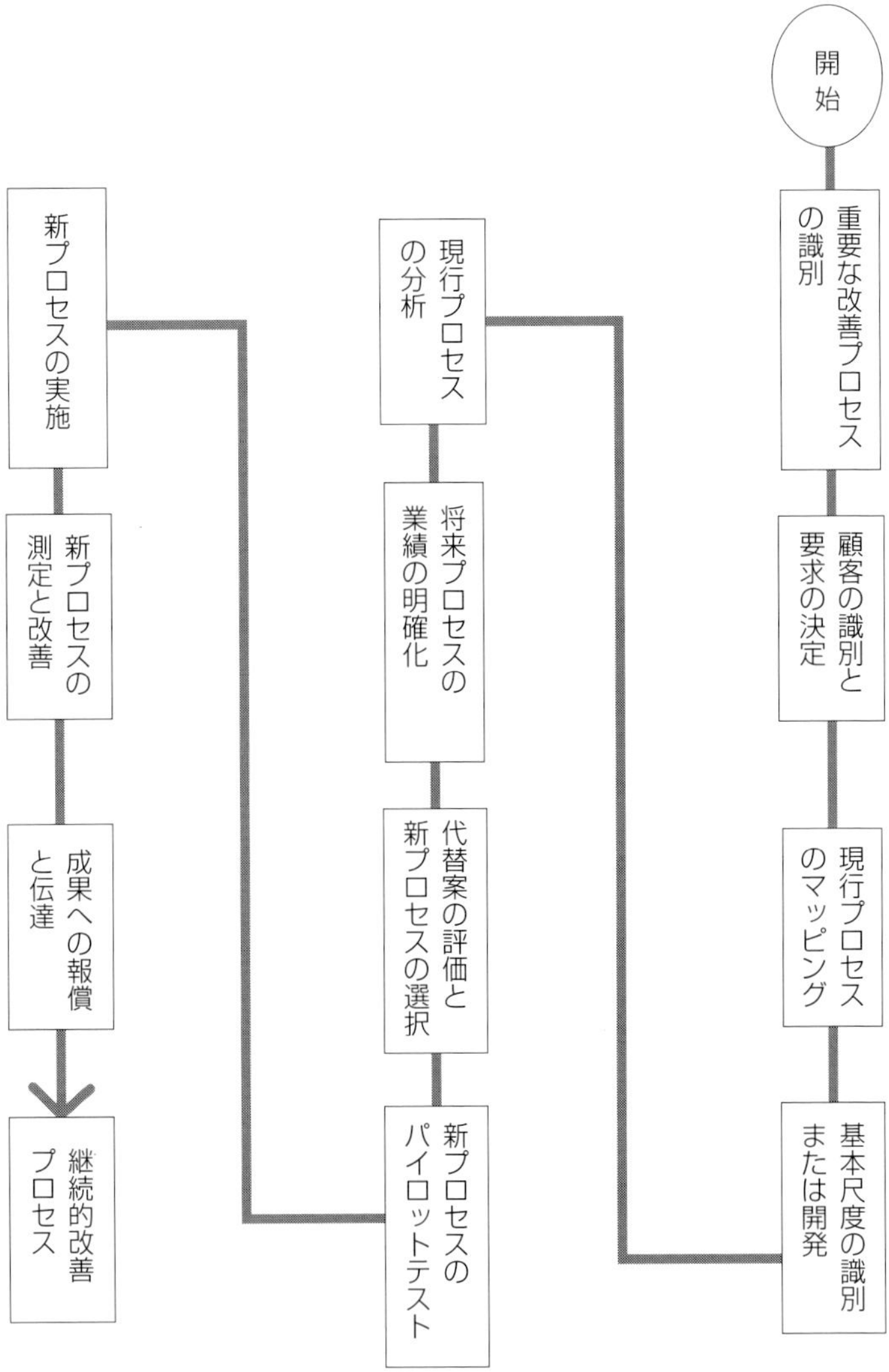
開始
重要な改善プロセスの識別
顧客の識別と要求の決定
現行プロセスのマッピング
基本尺度の識別または開発
現行プロセスの分析
将来プロセスの業績の明確化
代替案の評価と新プロセスの選択
新プロセスのパイロットテスト
新プロセスの実施
新プロセスの測定と改善
成果への報償と伝達
継続的改善プロセス

図 17.1 プロセス改善モデル

・戦略計画及び予算編成とプロジェクトとを整合させる

委員会はプロジェクトを評価し、職員とマネジャーが改善プロセスを選択できるようにするために研修を実施し、そのチームと作業を行うリーダー及びファシリテータを決定し、訓練を支援します。委員会は、取り組みを支援し先導すべき経営管理層への研修も実施します。

委員会は、顧客にとって重要なプロジェクトが稼働しているかを確認するために、活動チームを監督します。委員会はチームとともに、プロセス改善の取り組みについての個別及び全体を文書化します。チームを監督するもう1つの効果は、さまざまなチームが協働して活動すべきであるかどうかについて委員会が決定できることです。例えば、いくつかの部門はきわめて類似した技術の導入プロジェクトを行っていました。このような事実がわかると、これらのチームが重複した活動を避けるために、互いに連絡を取るように委員会が進言することができるようになります。最終的に、各チームが1つのプロジェクトの異なる部分に取り組めます。このような調整をするためのコミュニケーションは重要です。

委員会及びプロセス改善の他の取り組みについてはＥＢＣのＭＦＲサイトを見てください。

プログラム評価

公式の方法によるプログラム評価は、プログラムがその目的を達成しているか否かを判断するために行われます。それはプログラムの弱み強み及び見直しの必要なプログラムの領域を特定します。効果的にプログラム評価を行うと以下のことが可能となります。
・予算措置によって何が達成されたのかを説明すること
・どの戦略が機能したのか、またしなかったのかについての学習を促進すること
・あらゆる階層（部門・カウンティの上層部）の意思決定に情報提供を行うためのフィードバックを提供すること
・プログラムもしくはサービスについての知識拡大に貢献すること
・異なる戦略の費用対効果を評価すること
・将来的に予算をつける可能性のある質の高いプログラムを特定すること
・プロジェクトとプログラムのマネジメントの有効性を高めること
・政策策定に貢献すること

アリゾナ州経営品質賞

プログラム評価の仕組みの1つはアリゾナ州経営品質賞プログラムです。アリゾナ経営品質連盟のプログラムは、アリゾナの公的機関及び民間組織の中から、優れた業績を選定します。モデルとしたのは、質の高い民間組織を約20年間にわたって選定してきたボルドリッジ賞であり、有効性、高業績、組

織的成功という同じ基準を採用しています。具体的には、リーダーシップ、戦略計画、顧客・市場志向、測定・分析・ナレッジのマネジメント、人的資源の重視、プロセスマネジメント、組織の成果です。これらのカテゴリーはカウンティのＭＦＲプログラムと連携し、カウンティの改善とイノベーションの目標を促進します。

評価の完了と経営品質賞への応募により、最も優れた組織において検証及び証明された基準に照らしてプロセスや組織全体を評価するという、体系的アプローチに組織を導きます。賞を採用する最大の効果は、一定の品質基準で組織を評価する外部評価者チームの調査を踏まえたフィードバックレポートにあります。この包括的なレポートは、多くの組織がそれを受け取るために高額な報酬を支払っているプログラム評価アドバイスや支援と同等な価値あるものです。

州の経営品質賞プログラムは次の２種類の賞を提供します。

州経営品質賞（州知事賞及びパイオニア賞）

これらの賞は、プロセス実行において最高の質と好業績を上げた組織を表彰します。

優秀模範賞

これらの賞は特に優れたプロセスについて組織を認定します。このプログラムによって、組織が各プロセスに注目し、高い質の実現力を完全に構築することに進むことができます。特に優れていると信じるプロセスを組織が適用し、ボルドリッジ賞の基準の６つのカテゴリーの１つにそのプロセスを関連付けることが奨励されます。

過去のマリコパ・カウンティ賞の受賞者

２００５　パイオニア賞

公園リクリエーション局

２００５　優秀模範賞

動物保護監視・動物鑑札プログラム
成人保護観察、地域社会における性暴力管理プログラム
交通局、舗装平面化プログラム
法擁護局、重罪事件起訴ケースマネジメントシステム

詳しく知りたい人はアリゾナ品質協会のサイトを参照ください。
http://www.arizona-excellence.com

SECTION 18　職員評価

この節のポイント

✓ 職員評価

●職員評価

マリコパ・カウンティが、そのミッションを遂行し成果を達成することにより納税者に対して価値を提供できるか否かは、職員にかかっています。職員は、担当業務の業績を通じて組織目的にどのように貢献しているかを知る必要があります。業績マネジメントプロセスは、ＭＦＲを促進し完遂する重要な道具です。（75頁の職員業績計画を参照のこと）

業績マネジメントプロセスは以下を内容とします。

・部門単位のミッション及び戦略目的に適合した人員計画の策定

- 成果、期待される業績、これらに関係する成功尺度の識別
- 進捗状況を定期的に確認し、建設的なフィードバックを提供すること
- 個々人の業績が継続するための指導と助言を行うこと
- 業績成果をレビューし、顕彰し、報償を与えること

SECTION 19 戦略計画の更新

この節のポイント

✓ 戦略計画の更新

●戦略計画の更新

分析、評価、報告のプロセスが終了した後、戦略及び構成要素の両方に完全かつ正確に組織が提供するサービスが示され、変更の必要がないかについて決定するために、部門はその戦略計画を見直しＭＦＲサイクルを継続します。さらに、イシュー・ステートメントが部門に影響を与え、戦略目的が達成されたかどうかを確実にするため、計画は見直されます。

一般的には、この見直しは次年度予算要求を準備する8～9月に行われます（109頁のカウンティの年次予算編成プロセス参照）。この枠組みの中で、ＯＭＢによるレビューと承認のために、部門が計画に対して検討したどのような変更も提示します。

ＯＭＢの予算アナリストとＭＦＲチームは、州の戦略計画との完全性、正確性、一貫性の観点から提案をレビューします。すなわち、部門の役割と責任に関連する構成要素を確認し、計画におけるそれらの要素が設定された基準に合致するかどうかについて検討します。もしＯＭＢと部門が提案された計画変更について合意に至らなければ、その提案はカウンティ全体の再検討チーム（ＣＲＴ）に託されます。ＣＲＴは要求をレビューして決定します。

部門戦略計画のチェック用シートは別表Ｇを用いてください。

訳注

訳注１　「監理委員会」：　監理委員会とは、日本の自治体に当てはめると議会である。マリコパ・カウンティでは５つの地区ごとに市民により選出された代表（議員）５名が監理委員会（Board of Supervisors）を構成する。監理委員会はカウンティの最高意思決定機関であり、同委員会がカウンティ・マネジャーを任命する。行政を直接的に掌るのはカウンティ・マネジャーであり、カウンティ・マネジャーの下に行政の各部門が機能することになる。市民の代表が監理委員会であり、その下にカウンティ・マネジャーを長とする行政がある点で、２元代表制を採る日本の地方公共団体とは異なっている。

訳注２　「アクティビティ」：　成果指向のマネジメントにおいて、政策体系は「プログラム」「アクティビティ」「サービス」となっている。ここで「アクティビティ」はいわばプロジェクトに当たるものであり、政策目標を達成するための一連の活動を意味している。わが国の体系に当てはめてみると、それぞれプログラムを施策、アクティビティを事務事業とみるとサービスはそれらのアウトプットと考えることができる。

訳注３　「ＭＦＲ実施支援連絡部門」：　ＭＦＲを効果的に実施するために、ＭＦＲの実施を常時支援する連絡部門を設置していることが注目される。ＭＦＲの実施は継続的な改善が必要であり、またグッド・プラクティスの共有も不可欠である。ここでは、各行政部門がＭＦＲの効果的な実施を滞りなく進めることができるようＭＦＲチームが組織され、さらにリエゾンとして実施支援連絡部門が設けられている。

訳注４　「予算アナリスト」：　予算の実績の差異分析を実施する専門家として予算アナリストという専任職員が設置されていることも重要な点である。予算アナリストの役割は主として、資源の効率的な活用、需要を充たすサービス水準の適切性、成果の有効な創出を検討することである。成果達成のために予算の効果的な編成と実施が分析的に管理されることとなる。

訳注５　「貯水池」：　マリコパ・カウンティが位置するアリゾナ州は、年間平均降雨量７・５インチであり、乾燥地域である。

訳注６　「調査報告部門」：　ＭＦＲはデータに基づく分析評価が重要な要素となるため、行政部門として調査報告部門が設置されていることも重要である。常に成果達成に向けたＰＤＣＡサイクルを機能させるためには、調査を行い、データを収集、集計し、それを適切な目的のために分析・提供する専門の部門を設置し、専任の職員を配することが重要である。

別 表

別表A	戦略要素の例
別表B1	環境評価に影響を与える要因とワークシート
別表B2	イシューの優先順位付けワークシート
別表C1	イシュー・ステートメント・チェックシート
別表C2	ミッション・ステートメント・チェックシート
別表C3	ビジョン・バリュー・チェックシート
別表C4	戦略目的チェックシート
別表C5	重要な成果尺度チェックシート
別表D	プログラムの重要な成果尺度の設定・要約様式
別表E	ＯＭＢ予算アナリストによるレビュー様式の例
別表F	調査データの説明ワークシート
別表G	部門戦略計画のチェック用シート
別表H	アクションプラン・ワークシート
別表I	サービス棚卸ワークシートと例（人事部人材開発サービス棚卸）

観察部門が指導した青少年が責任ある市民となり、少年犯罪の被害者が正義を実感し、市民がより安全であると感じることができる地域にすること。

□公文書管理局
公文書の記録と閲覧において最高の顧客サービスとソリューションを提供する、最も生産性の高い公文書管理局を目指すこと。

バリュー・ステートメント

部門の価値観を明確に表現しているバリュー・ステートメントの例

□職員：われわれは相互に配慮し、成長を奨励し、成果を認め合います。
□顧客：われわれの最優先事項は、顧客に満足していただくことです。
□質：われわれは、最初から、適切なことを的確に行います。
□改善：われわれは、以前実施したことを、次に行う際にはより良く実施します。
□誠実性：われわれは、最高水準の倫理に基づいて行動します。
□チームワーク：チームワークを重視し、連携を促します。
□リーダーシップ：リーダーは意欲に溢れ、自らも範を示して率先します。リーダーシップはどのような局面にも存在します。
□マネジメント：事実に基づいて経営します。

戦略目的

良い戦略目的の例

□2008年1月までに、顧客満足の向上のため、申請処理と免許の発行に要する平均日数を5日間から2日間に短縮する。
□2007年3月までに、マリコパ・カウンティの青少年の読解力を高めるために、青少年読書プログラムへの平均参加率を対2005年度比で10%増大させる。

悪い戦略目的の例

□当部門の顧客にサービスを提供し続ける（成果と期限に関する記述がない）。
□カウンティ職員のための教育訓練・資格取得プログラムを管理する（定型的な業務の説明でしかない）。

別表 A　戦略要素の例

イシュー・ステートメント

良いイシュー・ステートメントの例

□公共料金とニーズが増大すると、カウンティ庁舎の１平方フィート当たりの利用料金を低減できるかどうかが影響を受ける。

□全国的にヘルス・ケア業務従事者が不足しているため、カウンティ政府は有能な人材を獲得する民間事業者と直接競合する状況におかれ、その結果として医療人材の質の維持が一層困難となる。

悪いイシュー・ステートメントの例

□政府の技術関連サービス（対組織内と対組織外の両方を含む）に対する需要の増大によって、部門が顧客の期待に応えるサービスを提供する必要性が高まる（あまりに曖昧で、部門に対する明確な影響が記述されていない）。

ミッション・ステートメント

良いミッション・ステートメントの例

「XXXXX（部門名）」のミッションは、

□マリコパ・カウンティの職員と部門に、車両、設備、燃料サービスを提供することによって職務の遂行に必要な交通手段と設備を利用できるようにすることです。

□公園の資源保全を図りながら、住民と利用者にレクリエーションと教育の機会を提供することによって、彼らが安全で有意義なアウトドア体験を楽しむことができるようにします。

悪いミッション・ステートメントの例

□職業訓練支援の提供を目的とする連邦政府の補助金を管理することです（定型的な業務の説明でしかない）。

□マリコパ・カウンティの環境を改善するリサイクル・プログラムを実施することです（定型的な業務の説明でしかない）。

ビジョン・ステートメント

マリコパ・カウンティ部門の良いビジョン・ステートメントの例

□上位裁判所事務局
顧客の期待を予測し、充たし、超えること。

□公選弁護人事務局
万人にとっての正義という合衆国の約束を実現すること。

□社会保障局
マリコパ・カウンティの全ての住民が経済的に自立し、質の高い生活を送る機会をもつこと。

□内部監査局
カウンティの全ての業務にわたって建設的な変革を促進すること。

□少年保護観察局
マリコパ・カウンティを、少年保護

別表 B1　環境評価に影響を与える要因

内部環境要因：強みと弱み

1　部門の権限の範囲と機能の概観
- ・州と連邦政府による法令の施行を検討できる。
- ・歴史的観点、特筆すべき事象。
- ・顧客/ステークホルダーの期待、公共イメージ。
- ・プログラムの構成とアクティビティ。
- ・部門の業績。
- ・既存の成果尺度が、成功を測る理想的な尺度か否かの調査。

2　組織的な側面
- ・労働力の規模と構成要素（職員数、多様性、専門職職員、免除者、階層など）。
- ・組織構造とプロセス（課／部門、質とマネジメントのスタイル、主なマネジメント方針/運営上の特色）。
- ・部門の立地（本庁、出張所、地の利）と、出張所のサービス／管理対象となる人口数）。
- ・人的資源（トレーニング、経験、報償と手当て、離職率、士気）。
- ・固定資産、資産改善の必要性。
- ・情報技術（IT）；部門における自動化の程度、情報通信、部門のIT計画の質、データ収集、追跡および監視システム。
- ・組織にとって重要な出来事と変化領域、組織への影響、変化に対する部門の反応度。

3　財務的側面
- ・予算規模（予算割当額と歳出の傾向、重要な事象など）。
- ・財源（連邦政府、非割当予算など）。
- ・他の管轄区域との運営コスト比較。
- ・予算と、プログラムやアクティビティの構造との関係。
- ・予算と、現在と将来のニーズとの適合度、組織内の会計手続。

外部環境要因：好機と脅威

1　人口動態
- ・特性（年齢、教育、地理、特殊なニーズ、州経済への影響、政治、文化的傾向など）。
- ・動向とその影響（人口増減、人口動態の新しい特徴）。

2　経済変数
- ・失業率、金利など。
- ・経済情勢の、顧客とサービス対象者への影響度。
- ・将来の経済情勢と、部門、顧客、サービス対象者への影響。
- ・州とカウンティの財務予測と歳入予測。
- ・部門の、変化する経済情勢への対応。

3　合衆国政府の法規制による影響
- ・重要な法規制、重要な事象など。
- ・現在の政府の活動（関連する政府当局の識別、州との関係性、運営への影響など）。
- ・将来の政府の行動が部門とその顧客に与える影響の予測（部門に限定された連邦政府からの指令、裁判、連邦政府予算、米国障害者法などの一般的な法規制など）。

4　その他の法的問題
- ・予測される、州による法改正。
- ・現在進行している裁判と未決の裁判。
- ・カウンティ政府からの要求の影響。

5　技術開発
- ・現在の部門運営への技術開発の影響（市場での製品/サービス、情報通信など）。
- ・予測される技術の進歩の影響。

6　公共政策に関する点
- ・現在起きている事象。

環境評価（SWOT分析）ワークシート		
内部環境分析	強み	弱み
外部環境分析	好機	脅威

別表 B2　イシューの優先順位付けワークシート

イシューの優先順位付けワークシート

採用する可能性のあるイシュー・ステートメントについて、その影響と重要性を診断しなさい。（1）顧客に対する影響、（2）イシューに影響を及ぼすことの実行可能性について、順位付けを行い、以下の図に書き入れなさい。

その際、以下を考慮しなさい。

- **政治** ……… イシューに取り組むことはどの程度政治的に可能か。
- **影響力** ……… 部門はイシューに影響力をどの程度行使できるのか。イシューは部門がある程度コントロールできるものか。
- **行動の影響** ……… イシューに取り組むことによって得られる潜在的な便益はどの程度の大きさか。
- **行動しない場合の影響** ……… イシューに取り組まない場合の起こりうる結果はどの程度深刻か。
- **経済性** ……… イシューに取り組むために必要な財源/予算資源を確保できる可能性はどの程度あるか。

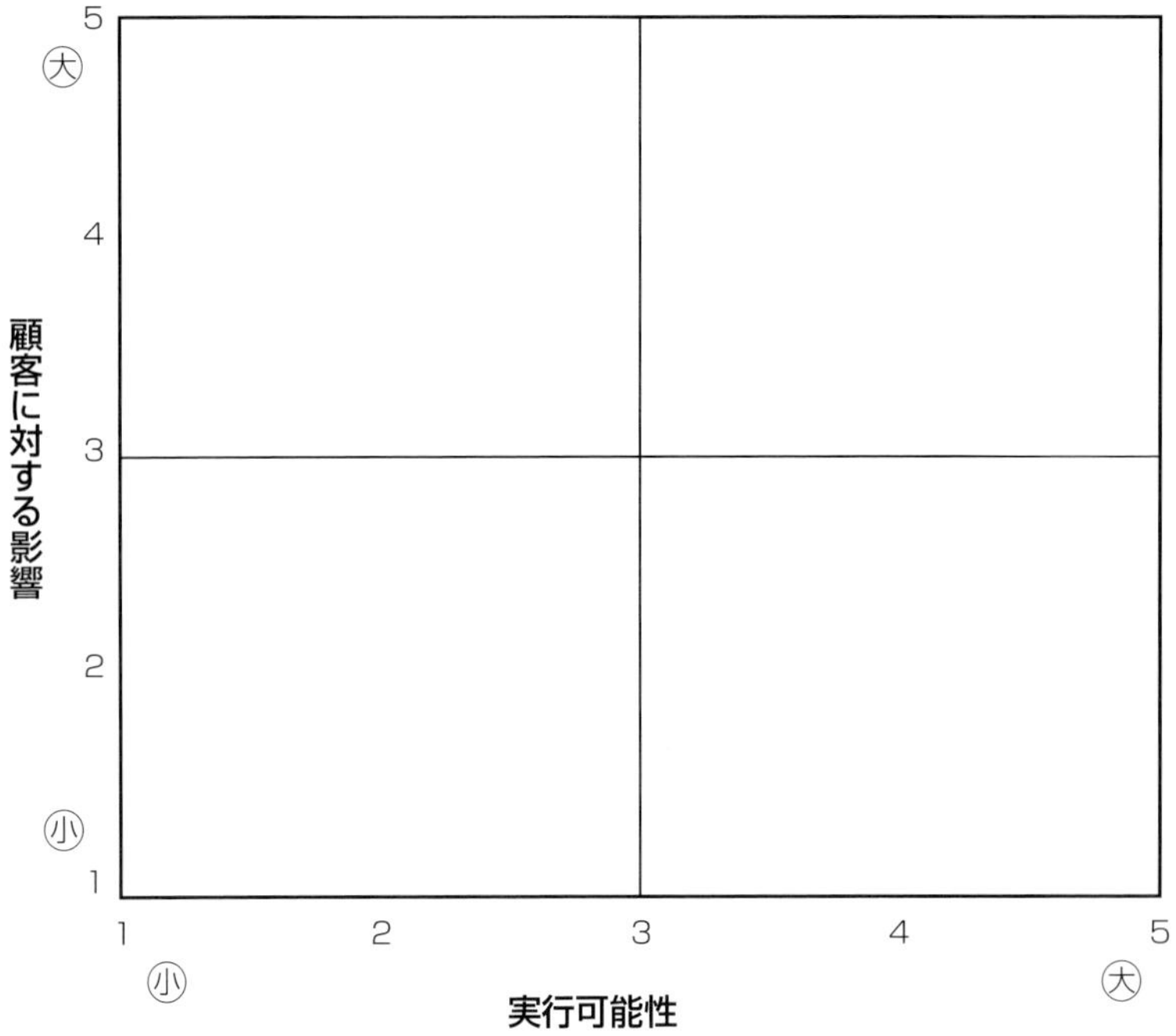

別表 C1 イシュー・ステートメント・チェックシート

イシュー･ステートメント：部門及びその顧客に大きな影響を及ぼしうる、イシューとその動向を要約したもの

個々のイシュー･ステートメントに関して、ステートメントが重要基準に合致するかを示しなさい。

イシュー･ステートメント・チェック					
部門： イシューの項番：					
重要基準	#1	#2	#3	#4	#5
イシュー･ステートメントは、主要なイシューや動向が詳細に記述されていますか？					
部門への影響が詳細に記述されていますか？					
イシュー・ステートメントは、イシューの事実関係を明確に記述していますか？					
イシューは、専門用語を使用せず、明瞭に記述されていますか？					
イシュー・ステートメントは、正しいデータや事実情報に基づいており、個別事例の情報や伝聞に基づくことはないですか？					

別表 C2 ミッション・ステートメント・チェックシート

ミッション：明瞭かつ簡潔な部門全体の目的

ミッションが重要基準に合致するかを示しなさい。

部門ミッション･ステートメント・チェック		
部門：		
重要基準	はい	いいえ
部門ミッションは、カウンティのミッションに整合していますか？		
どのような事業を行っているか明確に記述されていますか？		
ミッション・ステートメントは、正しい書式で記載されていますか？		
組織の全ての職員が貢献できるような広範な内容となっていますか？		
ミッションは、ほとんど変更されることがないですか？		
部門の存在理由は明確になっていますか？　究極的な成果と密接に関連していますか？		
平均的な市民が、掲示板やウェブ・サイトで見た際に、彼らにとって理解可能ですか？		
そのような事業に財源を使う理由は明らかですか？		

別表 C3　ビジョン・バリュー・チェックシート

ビジョン：望ましい成果の説得力ある概念的イメージ

ビジョンが重要基準に合致するかを示しなさい。

ビジョン･ステートメント・チェック		
部門：		
重要基準	はい	いいえ
ビジョン･ステートメントは、組織の理想的な将来像を明確に示していますか？		
ビジョン・ステートメントは、挑戦的で、人々をやる気にさせるものですか？		
ビジョン・ステートメントは、簡潔で覚えやすいですか？		

バリュー：部門がミッションを達成するにあたっての行動基準・理念

バリューが重要基準に合致するかを示しなさい。

バリュー･ステートメント・チェック		
部門：		
重要基準	はい	いいえ
バリューは、ミッションやビジョンの基礎として機能していますか？		
バリューは、組織の全ての職員に受け入れられていますか？		
バリューは、職員の長所を引き出していますか？		
バリューは、品質に対する期待度を明確に示していますか？		

別表 C4　戦略目的チェックシート

戦略目的：次の2～5年にわたって達成されるべき特定の成果。

個々の目的に関して、目的が重要基準に合致するかを示しなさい。

目的チェック					
部門：	目的の項番				
重要基準	#1	#2	#3	#4	#5
部門の目的は、カウンティ全体の最優先事項や目的と整合していますか？					
目的は、部門のミッションに貢献していますか？					
目的は、法律や規則に準拠していますか？					
目的は、戦略的な方向性を反映していますか？					
目的とイシュー・ステートメントの関係は明確ですか？					
目的は部門のプログラムにより達成可能ですか？					
目的は、測定可能な望ましい成果を示していますか？					
目的は、達成困難でありつつも、現実的かつ達成可能であり、部門の重要な成果を示していますか？					
目的達成のための時間軸は設定されていますか？					
目的の達成は、経営層と職員に重要であると認識されていますか？					
目的は、政策立案者や住民にとって重要ですか？					
目的の内容は、部門によく理解されていますか？					

別表 C5　重要な成果尺度チェックシート

重要成果尺度：プログラムが達成することを期待される全体的な成果の尺度であり、プログラム（そしてそれを運営している部門）の達成状況について顧客／住民に伝えるものです。

個々の重要成果尺度に関して、尺度が重要基準に合致するかを示しなさい。

重要成果尺度チェック					
部門：	尺度の項番				
重要基準	#1	#2	#3	#4	#5
その重要成果尺度は、プログラムと関連していますか？					
その重要成果尺度は、戦略目的と関連していますか？					
職員や経営層に対して部門の業績を示すために役立っていますか？					
目的達成のために職員が何をすべきかを理解するのに役立っていますか？					

別表 D　プログラムの重要な成果尺度の設定・要約様式

マリコパ・カウンティの MFR システムにおいて、重要成果尺度は、プログラムが達成することを期待される全体的な成果の尺度であり、プログラム（そしてそれを運営している部門）の達成状況について顧客／住民に伝えるものです。一旦、重要成果尺度が設定されたら、部門はその尺度の運用上の定義の確立、データ要件、データの収集元・方法、尺度の定義に準拠した計算方法の決定、ベンチマーキングによる現実的な業績目標の設定、期待値と実績値との比較を行わなければなりません。これらの手続により、尺度の妥当性と信頼性を確認することが可能となります。

部門の重要成果尺度定義と、報告業務を支援するため、MFR チームは、プログラム重要成果尺度の設定・要約フォームを使用し、個々の業績尺度に関する適切な情報を網羅的に記録する方法を開発しました。フォームは、個々の重要成果尺度に関して記載されなければなりません。このフォームは、報告された尺度が正確かつ妥当であると保証する内部監査部局による業績尺度認定（PMC）プログラムの多くの要件を満たしています。また、他の業績尺度（需要度、アウトプット、効率性）についても記載することができます。

プログラム重要成果尺度の設定・要約フォームの活用により、部門の職員が常に個々の成果尺度の詳細な進捗を見ることができます。さらに、フォームをファイルしておくことにより、データに関するいかなる質問に対しても、常に即答することができます。

プログラム重要成果尺度の設定・要約フォームの記載要領

1　プログラム名：直近の MFR データベースの内容に準拠
2　アクティビティ：直近の MFR データベースの内容に準拠
3　担当者：プログラムやアクティビティの直接の責任者
4　基準：基準年度と実績データ / 値を列挙
5　業績尺度名：個々の業績尺度の正式名称
6　尺度と用語の内容：実績として測定される対象、業績尺度において使用される専門用語について記載し、次のように説明的な記述について明確にする。
- 「正確に」という言葉を使用せず、受容可能なエラーのレベルを記述する。
- 「適時に」という言葉を使用せず、具体的な頻度を記述する。
- 「適格な」という言葉を使用せず、適格さの基準を記述する。
- 「顧客満足度調査」に関し、調査方法（電話、郵送、インターネット）、使用された尺度、対象となった母集団について記述する。
- 「不足」のような言葉に関して、具体的な定義を説明する。

7　採用理由：特定の業績尺度が、部門、プログラム、アクティビティが達成した業績や成果をいかに示すかを説明する。
8　収集頻度：データの収集頻度を記載する（例：月次、四半期、年次、その他）。
9　業績尺度の計算方法：元データから報告用の情報に加工した方法を記載する。
10　データの収集元と方法：データの収集方法を簡潔に記載し、業績尺度を入手するための元データがあった報告書、文書、データベースの名称を記載する
11　業績の目標値を設定するためにベンチマーキングがされているか？：「はい」または「いいえ」を記載し、「はい」の場合は項目 12 を記載し、「いいえ」の場合は項目 12 をスキップし、13 のデータ収集上の課題／制限を記載する。
12　ベンチマーキング先／標準：業績を比較する対象となった組織／部局を列挙する。ベンチマーキングのプロセスを通して利用されたデータの元となる適用可能な全国標準や報告書を示す。
13　データ収集上の課題／制限：現在または将来において、データを収集、報告する際に予想される問題について検討する。また、データの制限に関するその他の説明事項があれば、この項目に記載する。
14　補足情報：尺度に関する補足的な情報を記載する。
15　最終修正日：フォームの内容が修正された日付と修正者を記載する。

プログラム重要成果尺度の設定・要約様式

プログラム名：

アクティビティ：

担当者：

業績尺度

基準：年度　　データ

業績尺度名：	尺度と用語の内容	採用理由（例：先行指標であるため）

収集頻度：　月次　　四半期　　年次　　その他

業績尺度の計算方法：	データの収集元と方法

業績の目標値を設定するためにベンチマーキングがされているか？　はい　　いいえ

ベンチマーキング先／標準

データ収集上の課題／制限：

補足情報：

最終修正日：

修正者：

別表E　OMB予算アナリストによるレビュー様式の例

MFRの尺度の四半期レビュー

部門名：

OMBアナリスト：

MFRの尺度：

データ　　達成：□

未達：□- - - - - 部門への通達：□済

未達の場合は、ギャップと部門のコメントを記載：

戦略目的

四半期の進捗状況：達成：□

未達：□ / 部門への通達：□済

特記事項：

注：尺度と目的をレビューする際は、情報の妥当性をチェックすること。情報が不明瞭、矛盾あるいは疑わしい場合には、適切な修正を行うため部門に確認すること。

実施日：

予算コーディデーターの署名：

予算副部長の署名：

別表 F　調査データの説明ワークシート

調査の概要（評点が最も高い、評点が相対的に高い、あるいは評点が最も改善した項目や次元について記載）：
1.
2.
3.
4.
5.
6.

改善余地（評点が最も低い、評点が相対的に低い、あるいは評点がほとんど改善していない項目や次元について記載）：
1.
2.
3.
4.
5.
6.

再調査すべき特記事項：
1.
2.
3.
4.
5.
6.

その他の調査事項：
1.
2.
3.
4.
5.
6.

別表G　部門戦略計画のチェック用シート

部門のミッション・ステートメントのチェック	Yes	No
ミッション・ステートメントは効果的かつ明確に部門全体の重要な目的と範囲を伝えていますか？		
顧客はそのミッションの中で明確に特定されていますか？		
ミッションは顧客が部門から受ける成果と利益を明確に述べていますか？		
イシュー・ステートメントのチェック		
イシュー・ステートメントは2部構成となっていますか？ 重要な課題もしくは傾向についてと、部門に与えるインパクトについてです。		
イシュー・ステートメントは伝聞や信頼できない情報ではなく確かなデータに基づいていますか？		
イシュー・ステートメントは行動や要求、解決策、推奨案ではなく、課題を明確に記述していますか？		
イシュー・ステートメントは他部門も理解できるように、難解な言葉ではなく分かりやすく書かれていますか？		
戦略目的のチェック		
目的は測定可能ですか？		
期間や目的達成が特定されていますか？		
目的は成果志向で将来（2―5年）を見据えていますか？		
各目的と1つもしくはそれ以上のイシュー・ステートメントが明確に関連付けられていますか？		
各目的の達成が、部門の重要な成果を表わしていますか？		
各目的は部門の1つもしくはそれ以上のプログラムによって達成されますか？		
全体的に見て、目的の全体像は部門全体の優先事項に焦点をあて、それを評価するための基礎を提供していますか？		

別表 H　アクションプラン・ワークシート

戦略目的：

目標：

活動内容	責任者	期日	必要資源	ステータス※
1.				
2.				
3.				
4.				
5.				

※BS＝遅延　OS＝順調　C＝完了

別表 I　サービス棚卸ワークシート

部門：

アクティビティ／サービス	概要／ガイドライン	アウトプット	指令の有無	
			無	有、指令の引用

人事部人材開発サービス棚卸（例）

アクティビティ／サービス	概要／ガイドライン	アウトプット	指令の有無	
			無	有、指令の引用
子どもの発育	ケース・マネジメント・アクティビティの目的は、マリコパ・カウンティの低所得者とその家族に必要なサービスを識別し、計画し、提供することにある。このことにより、対象者はより適切で、有効なサービスを受けることができる。	・適用外	×	
就学前教育とケア	様々な戦略計画を通じ、子どもは養育とケアの環境の下、以下の教育を提供される。1. 全身の運動能力の発達、2. 社会性および情緒の発達 、3. 言語、聴覚および視覚的弁別の育成、4. 創造的な表現と経験へのサポート、5. 読み書き能力、算数と科学分野における就学準備	・120日以上サービスを受けた子どもの数	×	
出産前教育	プログラムに参加した 10 代の妊婦には、胎児の発達に関する情報と教育が提供される。	・参加した10代の妊婦の数	×	
個別教育プラン	障がい認定を受けた 3 歳から 5 歳の未就学児童には、個別教育プランに従ったサービスが提供される。個別教育プランは、スタッフが保護者や適切な専門家と協力して策定し、子どもの個別の障害に対応するものである。	・障がい認定を受けた子どもの数	×	
在宅指導	保護者は、子どもの初等教育を促進するため、家庭での、子どもの発育、健康、栄養、地域のサービスと方法について指導を受ける。	・在宅指導を通じ、120日以上サービスを提供された家族の数	×	
就学前の子どもに対する特別な教育・保護活動の評価、支援と社会参加	障がい認定を受けた 0 歳から 3 歳の子どもは、それぞれの障害に応じた個別教育プランに従いサービスを提供される。最小限の制約環境下における子どもの社会参加を促進するために、必要なサービスが開発される。	・プログラムでサービスを受けた、障がいを持つ就学前の子どもの数	×	
就学前・就学時のサービス	子どもと保護者には、就学前教育に入る際と、就学前教育から就学時に移行する際に、様々な活動や情報を通じ、支援が提供される。	・就学3前教育に入る子どもと、公立学校に入学する子どもの数	×	

【監訳者】

小林　麻理（こばやし　まり）

早稲田大学大学院公共経営研究科教授。専攻：公会計、管理会計。商学博士。日本地方自治研究学会常任理事、国際公会計学会常務理事、日本広報学会常任理事。著書に『政府管理会計―政府マネジメントへの挑戦―』敬文堂、2002年。「財政改革の進展と管理会計の機能」『會計』第169巻第2号、森山書店、2006年。「公会計制度改革で自治体財政はどう変わるか」『地方財務』第634号、行政、2007年など。

MFR行政経営改革マニュアル

――米国マリコパ・カウンティの実践――

2009年　3月　10日　　第1版第1刷発行

監訳者　小　林　麻　理

発行者　高　橋　考

発行所　三　和　書　籍

〒112-0013　東京都文京区音羽2-2-2
TEL 03-5395-4630　FAX 03-5395-4632
sanwa@sanwa-co.com
http://www.sanwa-co.com

印刷所／製本　新灯印刷株式会社

ISBN978-4-86251-047-1 C3033